LES CHASSEURS

DE

CHEVELURES

PAR

LE CAPITAINE MAYNE-REID

TRADUIT PAR

ALLYRE BUREAU

Traduction et reproduction interdites, suivant les traités.

3

PARIS
LOCARD-DAVI ET DE VRESSE
16, RUE DE L'HIRONDELLE

1854

LES

CHASSEURS DE CHEVELURES

EN VENTE CHEZ LES MÊMES ÉDITEURS

ADIEUX AU MONDE
MÉMOIRES
DE CÉLESTE MOGADOR
8 volumes.

Ces Mémoires sont la vie d'une femme que tout le monde connaît. La vie de cette femme, devenue grande dame, est racontée par elle-même, dans tous ses détails, sans mystères, sans voile, sans restrictions, à titre d'enseignement aux pauvres filles abandonnées de la fortune et de leurs parents.

Cet ouvrage est complètement inédit, et n'a paru dan aucun journal.

LA DAME AUX PERLES
Par Alex. DUMAS, fils. — 4 vol.

On se souvient de l'immense succès de la Dame aux Camélias; M. Alexandre Dumas, fils, a donné un pendant à son chef-d'œuvre en écrivant la Dame aux Perles. Ce n'est plus seulement un roman de jeunesse, c'est une étude du cœur humain dans ses replis les plus secrets.

HEURES DE PRISON
Par madame LAFARGE (née Marie Capelle). — 4 vol.

Le nom seul de madame Lafarge dit ce qu'est cet ouvrage. Quelle que soit l'opinion que l'on se soit faite sur elle, qu'on la croie innocente ou coupable, il est impossible de rester indifférent à ces récits entraînants où la magie du style s'unit à la force des pensées.

DU SOIR AU MATIN
Par A. DU CASSE. — 1 vol.

Initier les personnes qui n'ont jamais fait partie de l'armée à quelques habitudes de la vie militaire, rappeler à ceux qui ont été soldats quelques souvenirs de garnison, retracer pour ceux qui sont encore au service quelques scènes de leur vie intime, amuser un peu tout le monde, voilà quel est le but de ce livre.

LES
PETITS-FILS DE LOVELACE
Par Amédée ACHARD. — 3 volumes.

Les qualités qui distinguent cette œuvre placent M. Amédée Achard au rang de nos romanciers de premier ordre. C'est un de ces drames effrayants de la vie du grand monde dont Balzac nous a, le premier, révélé les mystères.

LES CHASSEURS
DE
CHEVELURES

PAR

LE CAPITAINE MAYNE-REID

TRADUIT PAR

ALLYRE BUREAU

Traduction et reproduction interdites, suivant les traités.

3

PARIS
LOCARD-DAVI ET DE VRESSE
16, RUE DE L'HIRONDELLE

1854

CHAPITRE XXV

Trois jours dans la trappe.

Nous dûmes nous préoccuper alors de notre propre situation. Les dangers et les difficultés dont nous étions entourés apparurent à nos yeux.

— Est-ce que les sauvages vont rester ici pour chasser?

Cette pensée sembla nous venir à tous au même instant, et nous échangeâmes des regards inquiets et consternés.

— Cela n'est pas improbable, — dit Seguin à voix basse, et d'un ton grave; — il est évident qu'ils ne sont pas approvisionnés de viande; et comment pourraient-ils sans cela entreprendre la traversée du désert? Ils chasseront ici ou plus loin. Pourquoi pas ici?

— S'il en est ainsi, nous sommes dans une jolie trappe! interrompit un chasseur montrant successivement l'entrée de la gorge d'un côté et la montagne de l'autre. — Comment sortirons-nous d'ici? Je serais vraiment curieux de le savoir.

Nos yeux suivirent les gestes de celui qui parlait. En face de l'ouverture de la ravine, à moins de cent yards de distance des rochers qui en obstruaient l'entrée, nous apercevions la ligne du camp des Indiens. Plus près encore, il y avait une sentinelle. On n'aurait pu s'aventurer à sortir, la sentinelle fût-elle endormie, sans s'exposer à rencontrer les chiens qui rôdaient en foule dans le camp.

Derrière nous, la montagne se dressait

verticalement comme un mur. Elle était inaccessible. Nous étions positivement dans une trappe.

— Carrai! — s'écria un des hommes, — nous allons crever de faim et de soif s'ils restent ici pour chasser!

— Ça sera encore plus tôt fait de nous, — reprit un autre, — s'il leur prend fantaisie de pénétrer dans la gorge!

Cette hypothèse pouvait se réaliser, bien qu'il y eût peu d'apparence. Le ravin formait une espèce de cul-de-sac qui entrait de biais dans la montagne et se terminait à un mur de rochers. Rien ne pouvait attirer nos ennemis dans cette direction, à moins, toutefois, qu'ils ne vinssent y chercher des noix du Pinon. Quelques-uns de leurs chiens aussi ne pouvaient-ils pas venir de ce côté, en quête de gibier, ou attirés par l'odeur de nos chevaux ? Tout cela était possible, et chacune de ces probabilités nous faisait frissonner.

— S'ils ne nous découvrent pas, — dit Seguin, cherchant à nous rassurer, — nous pourrons vivre un jour ou deux avec des noix de pin. Quand les noix nous feront défaut, nous tuerons un de nos chevaux. Quelle quantité d'eau avons-nous ?

— Nous avons de la chance, capitaine, — nos outres sont presque pleines.

— Mais nos pauvres bêtes? — Il n'y aura pas de quoi les abreuver.

— Il n'y a pas à craindre la soif tant que nous aurons de cela, — dit El Sol, regardant à terre et indiquant du pied une grosse masse arrondie qui croissait parmi les rochers : c'était un cactus sphéroïdal. —Voyez, continua-t-il, — il y en a par centaines.

Tout le monde comprit ce qu'El Sol voulait dire, et les regards se posèrent avec satisfaction sur les cactus.

— Camarades, — reprit Seguin, — il ne sert à rien de nous désoler. Que ceux qui peuvent dormir dorment. Il suffit de poser une sentinelle là-bas et une autre ici. Allez, Sanchez ! — et le chef indiqua en bas de la ravine un poste d'où on pouvait surveiller l'entrée.

La sentinelle s'éloigna, et prit son poste en silence. Les autres descendirent, et, après avoir visité les muselières des chevaux, retournèrent à la station de la védette placée sur la crête. Là, nous nous roulâmes dans nos couvertures, et, nous étendant sur les rochers, nous nous endormîmes pour le reste de la nuit.

. . . .

Avant le jour, nous sommes tous sur pied, et nous guettons à travers le feuillage avec un vif sentiment d'inquiétude.

Le camp des Indiens est plongé dans le calme le plus profond. C'est mauvais signe! S'ils avaient dû partir, ils auraient été debout plus tôt. Ils ont l'habitude de se mettre en route avant l'aube. Ces symptômes augmentent nos alarmes.

Une lueur grise commence à se répandre sur la prairie. Une bande blanche se montre à l'horizon, du côté de l'Orient. Le camp se réveille. Nous entendons des voix. Des formes noires s'agitent au milieu des lances plantées verticalement dans le sol,

Des sauvages gigantesques traversent la plaine. Des peaux de bêtes couvrent leurs épaules et les protégent contre l'air vif du matin. Ils portent des fagots. Ils rallument les feux.

Nos hommes causent à voix basse, étendus sur les rochers, et suivant de l'œil tous leurs mouvements.

— Il est évident qu'ils ont l'intention de faire séjour ici.

— Oui, ça y est; c'est sûr et certain! Fichtre! je voudrais bien savoir combien de temps ils vont y rester.

— Trois jours au moins; peut-être cinq ou six.

— B...igre de chien! nous serons flambés avant qu'il n'en soit passé la moitié!

— Que diable auraient-ils à faire ici si longtemps? Je parie, moi, qu'ils vont filer aussitôt qu'ils pourront.

— Sans doute ; mais pourront-ils partir plus tôt?

— Ils ont bien assez d'un jour pour ramasser toute la viande dont ils ont besoin. Voyez! il y a là-bas des buffalos en masse. Regardez! — là-bas, tout là-bas! — et celui qui parlait montrait des silhouettes noires qui se détachaient sur le ciel brillant. C'était un troupeau de buffalos.

— C'est juste. En moins d'une demi-journée, ils auront abattu autant de viande qu'ils en veulent. Mais comment la feront-ils sécher en moins de trois jours. C'est là ce que je serais bien aise de savoir.

— *Es verdad!* — dit un des Mexicains, un cibolero; — *tres dias, al menos!*

— Oui, messieurs! Et gare si le soleil nous joue le mauvais tour de ne pas se montrer.

Ces propos sont échangés entre deux ou trois hommes qui parlent à voix basse, mais assez haut cependant pour que nous les entendions.

Ils nous révèlent une nouvelle face de de la question, que nous n'avions pas encore envisagée. Si les Indiens restent là jusqu'à ce que leurs viandes soient séchées, nous sommes grandement exposés à mourir de soif ou à être découverts dans notre cachette.

Nous savons que l'opération du dessèchement de la viande de buffalo demande trois jours, avec un bon soleil, comme un chasseur l'a insinué. Cela, joint à une première journée employée à la chasse, nous fait quatre jours d'emprisonnement dans le ravin !

La perspective est redoutable. Nous

pressentons les atroces et mortelles tortures de la soif. La famine n'est pas à craindre ; nos chevaux sont là et nous avons nos couteaux. Ils nous fourniront de la viande, au besoin, pour plusieurs semaines. Mais les cactus suffiront-ils à calmer la soif des hommes et des bêtes pendant trois ou quatre jours? C'est là une question que personne ne peut résoudre. Le cactus a souvent soulagé un chasseur pendant quelque temps ; il lui a rendu les forces nécessaires pour gagner un cours d'eau ; mais plusieurs jours !

L'épreuve ne tarde pas à commencer. Le jour s'est levé ; les Indiens sont sur pied. La moitié d'entre eux détachent les chevaux de leurs piquets et les conduisent à l'eau. Ils ajustent les brides, prennent leurs lances, bandent leurs arcs, mettent le carquois sur leurs épaules et sautent à cheval.

Après une courte consultation, ils se dirigent au galop vers l'est. Une demi-heure après, nous les voyons poursuivant les buffalos à travers la prairie, les perçant de leurs flèches et les traversant de leurs longues lances.

Ceux qui sont restés au camp mènent leurs chevaux à la source, et les reconduisent dans la prairie. Puis ils abattent de jeunes arbres, pour alimenter les feux.

Voyez! les voilà qui enfoncent de longues perches dans la terre, et qui tendent des cordes de l'une à l'autre. Dans quel but? — Nous ne le savons que trop.

— Ah! regardez là-bas! — murmure un des chasseurs en voyant ces préparatifs; là-bas, les cordes à sécher la viande! Maintenant, il n'y a pas à dire, nous voilà en cage pour tout de bon.

— *Por todos santos, es verdad!*

— *Carambo! carajo! chingaro!* — grommèle le cibolero qui voit parfaitement ce que signifient ces perches et ces cordes.

Nous observons avec un intérêt fiévreux tous les mouvements des sauvages.

Le doute ne nous est plus permis. Ils se disposent à rester là plusieurs jours.

Les perches dressées présentent un développement de plus de cent yards, devant le front du campement. Les sauvages attendent le retour de leurs chasseurs. Quelques-uns montent à cheval et se dirigent au galop vers la battue des buffalos qui fuient au loin dans la plaine.

Nous regardons à travers les feuilles en redoublant de précautions, car le jour est éclatant, et les yeux perçants de nos ennemis interrogent tous les objets qui les entourent. Nous parlons à voix basse, bien que la distance rende, à la rigueur, cette précaution superflue; mais, dans notre terreur, il nous semble que l'on peut nous entendre.

L'absence des chasseurs indiens a duré environ deux heures. Nous les voyons maintenant revenir à travers la prairie, par groupes séparés.

Ils s'avancent lentement. Chacun d'eux porte une charge devant lui, sur le garrot de son cheval. Ce sont de larges masses de chair rouge, fraîchement dépouillée et fumante. Les uns portent les côtes et les quartiers, les autres les bosses, ceux-ci les langues, les cœurs, les foies, les *petits morceaux*, enveloppés dans les peaux des animaux tués.

Ils arrivent au camp et jettent leurs chargements sur le sol.

Alors commence une scène de bruit et de confusion. Les sauvages courent çà et là, criant, bavardant, riant et sautant. Avec leurs longs couteaux à scalper, ils coupent de larges tranches et les placent sur les braises ardentes; ils découpent les bosses, et enlèvent la graisse blanche et remplissent des boudins. Ils déploient les foies bruns qu'ils mangent crus. Ils brisent les os avec leurs tomahawks, et avalent la moëlle savoureuse. Tout cela est accompagné de cris, d'exclamations, de rires bruyants et de folles gambades.

Cette scène se prolonge pendant plus d'une heure.

Une troupe fraîche de chasseurs monte à cheval et part. Ceux qui restent découpent la viande en longues bandes qu'ils accrochent aux cordes préparées dans ce but. Ils la laissent ainsi pour être transformée en *tasajo* par l'action du soleil.

Nous savons ce qui nous attend ; le péril est extrême ; mais des hommes comme ceux qui composent la bande de Seguin ne sont pas gens à abandonner la partie tant qu'il reste une ombre d'espoir. Il faut qu'un cas soit bien désespéré pour qu'ils se sentent à bout de ressources.

— Il n'y a pas besoin de nous tourmenter tant que nous ne sommes pas atteints dans nos œuvres vives, — dit un des chasseurs.

— Si c'est être atteint dans ses œuvres vives que d'avoir le ventre creux, — réplique un autre, — je le suis, et ferme. Je mangerais un âne tout cru, sans lui ôter la peau.

— Allons, garçons, — réplique un troisième, — ramassons des noix de pin et régalons-nous.

Nous suivons cet avis et nous nous mettons à la recherche des noix. A notre grand désappointement, nous découvrons que ce précieux fruit est assez rare. Il n'y en a pas sur la terre ou sur les arbres de quoi nous soutenir pendant deux jours.

— Par le diable! — s'écrie un des hommes, — nous serons forcés de nous en prendre à nos bêtes.

— Soit, mais nous avons encore le temps; nous attendrons que nous nous soyons un peu rongé les poings avant d'en venir là.

On procède à la distribution de l'eau, qui se fait dans une petite tasse. Il n'en reste plus guère dans les outres, et nos pauvres chevaux souffrent.

— Occupons-nous d'eux, — dit Seguin, se mettant en devoir d'éplucher un cactus avec son couteau.

Chacun de nous en fait autant et enlève soigneusement les côtes et les piquants. Un liquide frais et gommeux coule des tissus ouverts. Nous arrachons, en brisant leurs courtes queues, les boules vertes des cactus, nous les portons dans le fourré et les plaçons devant nos animaux. Ceux-ci s'emparent avidement de ces plantes succulentes, les broient entre les dents et avalent le jus et les fibres. Ils y trouvent à boire et à manger. Dieu merci! nous pouvons espérer de les sauver.

Nous renouvelons la provision devant eux jusqu'à ce qu'ils en aient assez.

Deux sentinelles sont entretenues en permanence, l'une sur la crête de la colline, l'autre en vue de l'ouverture du défilé. Les autres restent dans le ravin, et cherchent, sur les flancs, les fruits coniques du Pinon.

C'est ainsi que se passe notre première journée.

Jusqu'à une heure très avancée de la soirée, nous voyons les chasseurs indiens rentrer dans le camp apportant leur charge de chair de buffalo. Les feux sont partout allumés, et les sauvages, assis autour, passent presque toute la nuit à faire des grillades et à manger.

Le lendemain, ils ne se lèvent que très tard. C'est un jour de repos et de paresse; la viande pend aux cordes, et ils ne peuvent qu'attendre la fin de l'opération. Ils flânent dans le camp; ils arrangent leurs brides et leurs lassos, ou passent la visite de leurs armes. Ils mènent boire leurs chevaux et les reconduisent au milieu de l'herbe fraîche. Plus de cent d'entre eux sont incessamment occupés à faire griller de larges tranches de viandes, et à les manger. C'est un festin perpétuel.

Leurs chiens sont fort affairés aussi,

après les os dépouillés. Ils ne quitteront probablement pas cette curée, et nous n'avons pas à craindre qu'ils viennent rôder du côté de la ravine tant qu'ils seront ainsi attablés. Cela nous rassure un peu.

Le soleil est chaud pendant toute la seconde journée, et nous rôtit dans notre ravin desséché. Cette chaleur redouble notre soif; mais nous sommes loin de nous en plaindre, car elle hâtera le départ des sauvages. Vers le soir, le *tasajo* commence à prendre une teinte brune et à se raccornir. Encore un jour comme cela, et il sera bon à empaqueter.

Notre eau est épuisée; nous suçons les

feuilles succulentes du cactus, dont l'humidité trompe notre soif, sans pourtant l'apaiser.

La faim se fait sentir de plus en plus vive. Nous avons mangé toutes les noix de pin, et il ne nous reste plus qu'à tuer un de nos chevaux.

— Attendons jusqu'à demain, — propose-t-on. — Laissons encore une chance aux pauvres bêtes. Qui sait ce qui peut arriver demain matin?

Cette proposition est acceptée. Il n'y a pas un chasseur qui ne regarde la perte de son cheval comme un des plus grands malheurs qui puissent l'atteindre dans la prairie.

Dévorés par la faim, nous nous couchons, attendant la venue du troisième jour.

Le matin arrive, et nous grimpons, comme d'habitude à notre observatoire. Les sauvages dorment tard comme la veille; mais ils se lèvent enfin, et, après avoir fait boire leurs chevaux, recommencent à faire cuire de la viande. L'aspect des tranches saignantes, des côtes juteuses fumant sur la braise, l'odeur savoureuse que nous apporte la brise surexcitent notre faim jusqu'à la rendre intolérable. Nous ne pouvons pas résister plus longtemps. Il faut qu'un cheval meure !

Lequel ? La loi de la montagne en décidera.

Onze cailloux blancs et un noir sont placés dans un seau vide ; l'un après l'autre nous sommes conduits auprès, les yeux bandés.

Je tremble, en mettant la main dans le vase, autant que s'il s'agissait de ma propre vie.

— Grâce soit rendue au ciel ! mon brave Moro est sauvé !...

Un des Mexicains a pris la pierre noire.

— Nous avons de la chance! — s'écrie un chasseur, — un bon mustang bien gras vaut mieux qu'un bœuf maigre.

En effet, le cheval désigné par le sort est très bien en chair.

Les sentinelles sont replacées, et nous nous dirigeons vers le fourré pour exécuter la sentence.

On s'approche de la victime avec précaution ; on l'attache à un arbre, et on lui met des entraves aux quatre jambes pour qu'elle ne puisse se débattre. On se propose de la saigner à blanc.

Le cibolero a dégaîné son long couteau; un homme se tient prêt à recevoir dans un seau le précieux liquide, le sang. Quelques-uns, munis de tasses, se préparent à boire aussitôt que le sang coulera.

Un bruit inusité nous arrête court. Nous regardons à travers les feuilles. Un gros animal gris, ressemblant à un loup, est sur la lisière du fourré et nous regarde.

— Est-ce un loup? Non ; c'est un chien indien.

L'exécution est suspendue, chacun de nous s'arme de son couteau. Nous nous approchons doucement de l'animal ; mais il se doute de nos intentions, pousse un sourd grognement, et court vers l'extrémité du défilé.

Nous le suivons des yeux. L'homme en faction est précisément le propriétaire du cheval voué à la mort. Le chien ne peut regagner la plaine qu'en passant près de lui, et le Mexicain se tient, la lance en arrêt, prêt à le recevoir.

L'animal se voit coupé, il se retourne et

court en arrière; puis, prenant un élan désespéré, il essaie de franchir la védette. Au même moment, il pousse un hurlement terrible. Il est empalé sur la lance.

Nous nous nous élançons vers la crête pour voir si le hurlement a attiré l'attention des sauvages. Aucun mouvement inusité ne se manifeste parmi eux; ils n'ont rien entendu.

Le chien est dépecé et dévoré avant que la chair palpitante ait eu le temps de se refroidir! Le cheval est préservé.

La récolte des cactus rafraîchissants

pour nos bêtes nous occupe pendant quelque temps. Quand nous retournons à notre observatoire, un joyeux spectacle s'offre à nos yeux. Les guerriers assis autour des feux renouvellent les peintures de leurs corps. Nous savons ce que cela veut dire.

Le *tasajo* est devenu noir. Grâce au soleil brûlant il sera bientôt bon à empaqueter.

Quelques-uns des Indiens s'occupent à empoisonner les pointes de leurs flèches. Ces symptômes raniment notre courage. Ils se mettront bientôt en marche, sinon cette nuit, demain au point du jour.

Nous nous félicitons réciproquement, et suivons de l'œil tous les mouvements du camp. Nos espérances s'accroissent à la chute du jour.

Ha! voici un mouvement inaccoutumé. Un ordre a été donné. — Voilà! — *Mira!* *Mira!* — *See!* — *look! look!* — Tous les chasseurs s'exclament à la fois, mais à voix basse.

— Par le grand diable vivant! ils vont partir à la brune.

Les sauvages détachent le *tasajo* et le mettent en rouleaux. Puis, chaque homme se dirige vers son cheval, les piquets sont arrachés; les bêtes menées à l'eau; on les bride, on les harnache et on les sangle. Les guerriers prennent leurs lances, endossent leur carquois, ramassent leurs boucliers et leurs arcs, et sautent légèrement à cheval. Un moment après, leur file est formée avec la rapidité de la pensée, et, reprenant leur sentier, ils se dirigent, un par un, vers le Sud.

La troupe la plus nombreuse est passée. La plus petite, celle des Navajoès, suit la même route. Non, cependant! cette dernière oblique soudainement vers la gauche et traverse la prairie, se dirigeant à l'est, vers la source de l'Ojo de Vaca.

CHAPITRE XXVI

Les Diggers (1).

Notre premier mouvement fut de nous précipiter au bas de la côte, vers la source, pour y satisfaire notre soif, et vers la

(1) *Diggers*, mot à mot « *homme qui creuse, fossoyeur.* » C'est une race particulière des sauvages de ces montagnes.

plaine pour apaiser notre faim avec les os dépouillés de viandes dont le camp était jonché. Néanmoins, la prudence nous retint.

— Attendez qu'ils aient disparu, — dit Garey. — Ils seront hors de vue en trois sauts de chèvre.

— Oui, restons ici un instant encore, ajoute un autre; quelques-uns peuvent avoir oublié quelque chose et revenir sur leurs pas.

Cela n'était pas impossible, et, bien qu'il nous en coûtât, nous nous résignâmes à rester quelque temps encore dans le défilé.

Nous descendîmes au fourré pour faire nos préparatifs de départ : seller nos chevaux et les débarrasser des couvertures dont leurs têtes étaient emmaillotées. Pauvres bêtes ! Elles semblaient comprendre que nous allions les délivrer.

Pendant ce temps, notre sentinelle avait gagné le sommet de la colline pour surveiller les deux troupes, et nous avertir aussitôt que les Indiens auraient disparu.

— Je voudrais bien savoir pourquoi les Navajoès vont par l'Ojo de Vaca, — dit notre chef d'un air inquiet ; — Il est heureux que nos camarades ne soient pas restés là.

— Ils doivent s'ennuyer de nous attendre où ils sont, — ajouta Garey, — à moins qu'ils n'aient trouvé dans les musquites plus de queues noires que je ne me l'imagine.

— *Vaya!* — s'écria Sanchez, — ils peuvent rendre grâce à la *Santissima* de ne pas être restés avec nous. Je suis réduit à l'état de squelette, *Mira! Carrai!*

Nos chevaux étaient sellés et bridés, nos lassos accrochés ; la sentinelle ne nous avait point encore avertis. Notre patience était à bout.

— Allons! — dit l'un de nous, — avançons : ils sont assez loin maintenant. Ils ne vont pas s'amuser à revenir en arrière tout le long de la route. Ce qu'ils cherchent est devant eux, je suppose : Par le diable ! le butin qui les tente est assez beau !

Nous ne pûmes y tenir plus longtemps. Nous hêlâmes la sentinelle. Elle n'apercevait plus que les têtes dans le lointain.

— Cela suffit, — dit Seguin, — venez ; emmenez les chevaux !

Les hommes s'empressèrent d'obéir, et nous courûmes vers le fond de la ravine, avec nos bêtes.

Un jeune homme, le *pueblo* domestique de Seguin, était à quelques pas devant. Il avait hâte d'arriver à la source. Au moment où il atteignait l'ouverture de la gorge, nous le vîmes se jeter à terre avec toutes les apparences de l'effroi, tirant son cheval en arrière et s'écriant :

— *Mi amo! mi amo! to davia son!* (Monsieur! monsieur! ils sont encore là!)

— Qui? — demande Seguin, se portant rapidement en avant.

— Les Indiens! monsieur! les Indiens!

— Vous êtes fou! Où les voyez-vous?

— Dans le camp, monsieur. Regardez là-bas!

Je suivis Seguin vers les rochers qui masquaient l'entrée du défilé. Nous regardâmes avec précaution par dessus. Un singulier tableau s'offrit à nos yeux.

Le camp était dans l'état où les Indiens l'avaient laissé, les perches encore debout. Les peaux velues de buffalos, les os empilés, couvraient la plaine ; des centaines de coyotes rôdaient çà et là, grondant l'un après l'autre, ou s'acharnant à poursuivre tel d'entre eux qui avait trouvé un meilleur morceau que ses compagnons. Les feux continuaient à brûler, et les loups, galoppant à travers les cendres, soulevaient des nuages jaunes.

Mais il y avait quelque chose de plus

extraordinaire que tout cela, quelque chose qui me frappa d'épouvante. Cinq ou six formes quasi-humaines s'agitaient auprès des feux, ramassant les débris de peaux et d'os, et les disputant aux loups qui hurlaient en foule tout autour d'eux. Cinq ou six autres figures semblables, assises autour d'un monceau de bois allumé, rongeaient silencieusement des côtes à moitié grillées ! Étaient-ce donc des... En vérité, c'étaient bien des êtres humains !

Ce ne fut pas sans une profonde stupéfaction que je considérai ces corps rabougris et ridés, ces bras longs comme ceux d'un singe, ces têtes monstrueuses et disproportionnées d'où pendaient des cheveux noirs et sales, tortillés comme des serpents.

Un ou deux paraissaient avoir un lambeau de vêtement, quelque vieux haillon déchiré. Les autres étaient aussi nus que les bêtes fauves qui les entouraient ; nus de la tête aux pieds.

C'était un spectacle hideux que celui de ces espèces de démons noirs accroupis autour des feux, tenant au bout de leurs longs bras ridés des os à moitié décharnés dont ils arrachaient la viande avec leurs dents brillantes. C'était horrible à voir, et il se passa quelques instants avant que l'étonnement me permît de demander qui ou quoi ils pouvaient être. Je pus enfin articuler ma question.

— *Los Yamparicos*, — répondit le *cibolero*.

— Les quoi ? — demandai-je encore.

— *Los Indios Yamparicos, senor*.

— Les Diggers, les Diggers, — dit un chasseur croyant mieux expliquer ainsi l'étrange apparition.

— Oui, ce sont des Indiens Diggers, ajouta Seguin. Avançons. Nous n'avons rien à craindre d'eux.

— Mais nous avons quelque chose à gagner avec eux, — ajouta un des chasseurs, d'un air significatif. La peau du crâne d'un Digger se paie aussi bien qu'une autre, tout autant que celle d'un chef Pache.

— Que personne ne fasse feu! — dit Seguin d'un ton ferme. — Il est trop tôt encore : regardez là-bas! — Et il montra au bout de la plaine deux ou trois objets brillants, les casques des guerriers qui s'éloignaient, et qu'on apercevait encore au dessus de l'herbe.

— Et comment pourrons-nous les prendre, alors, capitaine? — demanda le chasseur. — Ils nous échapperont dans les rochers ; ils vont fuir comme des chiens effrayés.

— Mieux vaut les laisser partir, les pauvres diables! — dit Seguin, semblant désirer que le sang ne fût pas ainsi répandu inutilement.

— Non pas, capitaine ; — reprit le même interloculeur. — Nous ne ferons pas feu; mais nous les attraperons, si nous pouvons, sans cela. Garçons, suivez-moi, par ici!

Et l'homme allait diriger son cheval à travers les roches éparpillées, de manière à passer inaperçu entre les nains et la montagne. Mais il fut trompé dans son attente ; car au moment où El Sol et sa sœur se montrèrent à l'ouverture, leurs vêtements brillants frappèrent les yeux des Diggers. Comme des daims effarouchés, ceux-ci furent aussitôt sur pied, et coururent, ou plutôt volèrent, vers le bas de la montagne. Les chasseurs se lancèrent au galop pour leur couper le passage ; mais il était trop tard. Avant qu'ils pussent les joindre, les Diggers avaient disparu dans une crevasse, et on les voyait grimper comme des chamois, le long des rochers à pic, à l'abri de toute atteinte.

Un seul des chasseurs, Sanchez, réussit à faire une prise. Sa victime avait atteint une saillie élevée, et rampait tout le long, lorsque le lasso du toréador s'enroula autour de son cou. Un moment après, son corps se brisait sur le roc!

Je courus pour le voir : il était mort sur le coup. Son cadavre ne présentait plus qu'une masse informe, d'un aspect hideux et repoussant.

Le chasseur, sans pitié, s'occupa fort peu de tout cela. Il lança une grossière plaisanterie, se pencha vers la tête de sa victime, et, séparant la peau du crâne, il fourra le scalp tout sanglant et tout fumant dans la poche de ses *calzoneros*.

CHAPITRE XXVII

Dacoma.

Après cet épisode, nous nous précipitâmes vers la source, et, mettant pied à terre, nous laissâmes nos chevaux boire à discrétion. Nous n'avions pas à craindre qu'ils fussent tentés de s'éloigner.

Autant qu'eux, nous étions pressés de boire ; et, nous glissant parmi les branches, nous nous mîmes à puiser de l'eau à pleines tasses. Il semblait que nous ne pourrions jamais venir à bout de nous désaltérer ; mais un autre besoin impérieux nous fit quitter la source, et nous courûmes vers le camp, à la recherche des moyens d'apaiser notre faim. Nos cris mirent en fuite les coyotes et les loups blancs, que nous achevâmes de chasser à coups de pierres.

Au moment où nous allions ramasser les débris souillés de poussière, une exclamation étrange d'un des chasseurs nous fit brusquement tourner les yeux.

— *Malaray, camarados ; mira el arco !*

Le Mexicain qui proférait ces mots montrait un objet gisant à ses pieds sur le sol. Nous fûmes bientôt près de lui.

— *Caspita!* — s'écria encore cet homme, c'est un arc blanc!

— Un arc blanc, de par le diable! — répéta Garey.

— Un arc blanc! — crièrent plusieurs autres, considérant l'objet avec un air d'étonnement et d'effroi.

— C'est l'arc d'un grand guerrier, je le certifie, — dit Garey.

— Oui, — ajouta un autre, — et son propriétaire ne manquera pas de revenir pour le chercher aussitôt que... sacrédié! regardez là-bas! le voilà qui vient, par les cinquante mille diables!

Nos yeux se portèrent tous ensemble à l'extrémité de la prairie, à l'est, du côté qu'indiquait celui qui venait de parler. Tout au bout de l'horizon on voyait poindre comme une étoile brillante en mouvement. C'était toute autre chose ; un regard nous suffit pour reconnaître un casque qui réfléchissait les rayons du soleil et qui suivait les mouvements réguliers d'un cheval au galop.

— Aux saules! enfants! aux saules! —

cria Seguin. — Laissez l'arc! laissez-le à la place où il était. A vos chevaux! emmenez-les! leste! leste!

En un instant chacun de nous tenait son cheval par la bride et le guidait ou plutôt le traînait vers le fourré de saules. Là nous nous mîmes en selle pour être prêts à tout événement, et restâmes immobiles, guettant à travers le feuillage.

— Ferons-nous feu quand il approchera, capitaine? — demanda un des hommes.

— Non.

— Nous pouvons le prendre aisément,

quand il se baissera pour prendre son arc.

— Non, sur votre vie!

— Que faut-il faire alors, capitaine?

— Laissez-le prendre son arc et s'en aller avec! répondit Seguin.

— Pourquoi ça, capitaine? Pourquoi donc ça?

— Insensés! vous ne voyez pas que toute la tribu serait sur nos talons avant le milieu de la nuit? êtes-vous fous?

Laissez-le aller. Il peut ne pas reconnaître nos traces, puisque nos chevaux ne sont pas ferrés ; s'il ne les voit pas, laissez-le aller comme il sera venu, je vous le dis.

— Mais que ferons-nous, s'il jette les yeux de ce côté ?

Garey, en disant cela, montrait les rochers situés au pied de la montagne.

— Malédiction ! le Digger ! — s'écria Seguin en changeant de couleur.

Le cadavre était tout à fait en vue, sur le devant des rochers ; le crâne sanglant tourné en l'air et vers le dehors, de telle sorte qu'il ne pouvait manquer de frapper les yeux d'un homme venant du côté de la plaine. Quelques coyotes avaient déjà grimpé sur la plate-forme où était le cadavre, et flairaient tout à l'entour, semblant hésiter devant cette masse hideuse.

— Il ne peut pas manquer de le voir, capitaine, — ajouta le chasseur.

— S'il le voit, il faudra nous en défaire par la lance ou par le lasso, ou le prendre vivant. Que pas un coup de fusil ne soit tiré. Les Indiens pourraient encore l'entendre, et seraient sur notre dos avant que nous eussions fait le tour de la montagne. Non! mettez vos fusils en bandoulière! Que ceux qui ont des lances et des lassos se tiennent prêts.

— Quand devrons-nous charger, capitaine?

— Laissez-moi le soin de choisir le moment. Peut-être mettra-t-il pied à terre pour ramasser son arc, ou bien il viendra à la source pour faire boire son cheval. Dans ce cas, nous l'entourerons. S'il voit le corps du Digger, il s'en approchera, peut-être, pour l'examiner de plus près. Dans ce cas encore, nous pourrons facilement lui couper le chemin. Ayez patience! je vous donnerai le signal.

Pendant ce temps, le Navajo arrivait au grand galop. A la fin du dialogue précédent, il n'était plus qu'à trois cents yards de la source, et avançait sans ralentir son allure. Les yeux fixés sur lui, nous gardions le silence et retenions notre respiration. L'homme et le cheval captivaient tous deux notre attention.

C'était un beau spectacle. Le cheval était un mustang à large encolure, noir comme le charbon, aux yeux ardents, aux naseaux rouges et ouverts. Sa bouche était pleine d'écume, et de blancs flocons marbraient son cou, son poitrail et ses épaules. Il était couvert de sueur, et on voyait reluire ses flancs vigoureux à chacun des élans de sa course. Le cavalier était nu jusqu'à la ceinture; son casque et ses plumes, quelques ornements qui brillaient sur son cou, sur sa poitrine et à ses poignets, interrompaient seuls cette nudité. Une sorte de tunique, de couleur voyante, toute brodée, couvrait ses hanches et ses cuisses. Les jambes étaient nues à partir du genou, et les pieds chaussés de mocassins qui emboîtaient étroitement la cheville.

Différent en cela des autres Apachès, il n'avait point de peinture sur le corps, et sa peau bronzée resplendissait de tout l'éclat de sa santé. Ses traits étaient nobles et belliqueux, son œil fier et perçant, et sa longue chevelure noire qui pendait derrière lui allait se mêler à la queue de son cheval. Il était bien assis, sur une selle espagnole, sa lance posée sur l'étrier, et reposant légèrement contre son bras droit. Son bras gauche était passé dans les brassards d'un bouclier blanc, et un carquois plein de flèches emplumées, se balançait sur son épaule.

C'était un magnifique spectacle que de voir ce cheval et ce cavalier se détachant sur le fond vert de la prairie; un tableau qui rappelait plutôt un des héros d'Homère qu'un sauvage des déserts de l'Ouest.

— Wagh! — s'écria un des chasseurs à voix basse, — comme ça brille! regarde cette coiffure, c'est comme une braise.

— Oui, — répliqua Garey, — nous pouvons remercier ce morceau de métal. Nous serions dans la nasse où il est maintenant, si nous ne l'avions pas aperçu à temps. Mais..., continua le trappeur, sa voix prenant un accent d'exclamation, — Dacoma! par l'Éternel, c'est Dacoma! le second chef des Navajoès!

Je me tournai vers Seguin pour voir l'effet de cette annonce. Le maricopa était penché vers lui et lui parlait à voix basse, dans une langue inconnue, en gesticulant avec énergie. Je saisis le nom de « Dacoma » prononcé, avec une expression de haine féroce, par le chef indien qui, au même instant, montrait le cavalier qui avançait toujours.

— Eh! bien, alors, — repartit Seguin, paraissant céder aux vœux de l'autre, — nous ne le laisserons pas échapper, qu'il voie ou non nos traces. Mais ne faites pas usage de votre fusil; les Indiens ne sont pas à plus de dix milles d'ici; ils sont encore là-bas, derrière ce pli de terrain. Nous pourrons aisément l'entourer; si nous le manquons de cette façon, je me charge de l'atteindre avec mon cheval, et en voici encore un autre qui le gagnera de vitesse. — Seguin, en disant ces derniers mots, indiquait Moro. — Silence, — continua-t-il, baissant la voix.—Ssschht!

Il se fit un silence de mort. Chacun pressait son cheval entre ses genoux comme pour lui commander l'immobilité.

Le Navajo avait atteint la limite du camp abandonné, et, inclinant vers la gauche, il galopait obliquement, écartant les loups sur son passage. Il était penché d'un côté, son regard cherchant à terre. Arrivé en face de notre embuscade, il découvrit l'objet de ses recherches, et, dégageant son pied de l'étrier, dirigea son cheval de manière à passer auprès.

Puis, sans retenir les rênes, sans ralentir son allure, il se baissa jusqu'à ce que les plumes de son casque balayassent la terre, et, ramassant l'arc, se remit immédiatement en selle.

— Superbe! — s'écria le toréador.

— Par le diable! c'est dommage de le tuer, — murmura un chasseur. Et un sourd murmure d'admiration se fit entendre au milieu de tous ces hommes.

Après quelque temps de galop, l'Indien fit brusquement volte-face, et il était sur le point de repartir, quand son regard fut attiré par le crâne sanglant du yamparico.

Sous la secousse des rênes, son cheval ploya les jarrets jusqu'à terre, et l'Indien resta immobile, considérant le corps avec surprise.

— Superbe! superbe! — s'écria encore Sanchez. — *Carambo*, il est superbe !

C'était en effet un des plus beaux tableaux que l'on pût voir. Le cheval avec sa queue étalée à terre, la crinière hérissée et les naseaux fumants, frémissant de tout son corps sous le geste de son intrépide cavalier; le cavalier lui-même avec son casque brillant, aux plumes ondoyantes, sa peau bronzée, son port ferme et gracieux et l'œil fixé sur l'objet qui causait son étonnement.

C'était, comme Sanchez l'avait dit, un magnifique tableau, — une statue vivante, — et nous étions tous frappés d'admiration en le regardant. Pas un de nous, à une exception près cependant, n'aurait voulu tirer le coup destiné à jeter cette statue en bas de son piédestal.

Le cheval et l'homme restèrent quelques moments dans cette attitude. Puis la figure du cavalier changea tout à coup d'expression. Il jeta autour de lui un regard inquisiteur et presque effrayé. Ses yeux s'arrêtèrent sur l'eau encore troublée par suite du piétinement de nos chevaux.

Un coup d'œil lui suffit; et, sous une nouvelle secousse de la bride, le cheval se releva et partit au galop à travers la prairie.

Au même instant, le signal de charger nous était donné, et, nous élançant en avant, nous sortions du fourré tous ensemble.

Nous avions à traverser un petit ruisseau. Seguin était à quelques pas devant; je vis son cheval butter, broncher sur la rive et tomber, sur le flanc, dans l'eau!

Tous les autres franchirent l'obstacle. Je ne m'arrêtai pas pour regarder en arrière; la prise de l'Indien était une question de vie ou de mort pour nous tous. J'enfonçai l'éperon vigoureusement, continuant la poursuite.

Pendant quelque temps, nous galopâmes de front en groupe serré. Quand nous fûmes au milieu de la plaine, nous vîmes l'Indien, à peu près à douze longueurs de cheval de nous, et nous nous aperçûmes avec inquiétude qu'il conservait sa distance, si même il ne gagnait pas un peu.

Nous avions oublié l'état de nos animaux : affaiblis par la diète, engourdis par un repos si prolongé dans le ravin, et, pour comble, sortant de boire avec excès.

La vitesse supérieure de Moro me fit bientôt prendre la tête de mes compgnons. Seul, El Sol était encore devant moi. Je le vis préparer son lasso, le lancer, et donner la secousse ; mais le nœud revint frapper les flancs de son cheval : il avait manqué son coup.

Pendant qu'il rassemblait sa courroie, je le dépassai et je pus lire sur sa figure l'expression du chagrin et du désappointement.

Mon arabe s'échauffait à la poursuite, et j'eus bientôt pris une grande avance sur mes camarades. Je me rapprochais de plus en plus du Navajo ; bientôt nous ne fûmes plus qu'à une douzaine de pas l'un de l'autre.

Je ne savais comment faire. Je tenais

mon rifle à la main, et j'aurais pu facilement tirer sur l'Indien par derrière, mais je me rappelais la recommandation de Seguin, et nous étions encore plus près de l'ennemi; je ne savais même pas trop si nous n'étions pas déjà en vue de la bande. Je n'osai donc faire feu.

Me servirais-je de mon couteau? essaierais-je de désarçonner mon ennemi avec la crosse de mon fusil? Pendant que je débattais en moi-même cette question, Dacoma, regardant par-dessus son épaule, vit que j'étais seul près de lui.

Immédiatement il fit volte-face, et mettant sa lance en arrêt vint sur moi au galop. Son cheval paraissait obéir à la voix et à la pression des genoux sans le secours des rênes.

A peine eus-je le temps de parer, avec mon fusil, le coup qui m'arrivait en pleine poitrine. Le fer, détourné, m'atteignit au bras et entama les chairs. Mon rifle, violemment choqué par le bois de la lance, s'échappa de mes mains.

La blessure, la secousse et la perte de mon arme m'avaient dérangé dans le maniement de mon cheval, et il se passa quelques instants avant que je pusse saisir la bride pour le faire retourner. Mon antagoniste, lui, avait fait demi-tour aussitôt, et je m'en aperçus au sifflement d'une flèche qui me passa dans les cheveux au-dessus de l'oreille droite. Au moment où je faisais face de nouveau, une autre flèche était posée sur la corde, partait et me traversait le bras droit.

L'exaspération me fit perdre toute prudence, et, tirant un pistolet de mes fontes, je l'armai et galopai en avant. C'était le seul moyen de préserver ma vie.

Au même moment l'Indien, laissant là son arc, se disposa à me charger encore avec sa lance, et se précipita à ma rencontre. J'étais décidé à ne tirer qu'à coup sûr et à bout portant.

Nous arrivions l'un sur l'autre au plein galop. Nos chevaux allaient se toucher; je visai, je pressai la détente... Le chien s'abattit avec un coup sec!

Le fer de la lance brilla sous mes yeux : la pointe était sur ma poitrine. Quelque chose me frappa violemment en plein visage. C'était la courroie d'un lasso. Je vis le nœud s'abattre sur les épaules de l'Indien, et descendre jusqu'à ses coudes : la courroie se tendit. Il y eut un cri terrible, une secousse dans tout le corps de mon adversaire; la lance tomba de ses mains; et, au même instant, il était précipité de sa selle, et restait étendu, sans mouvement, sur le sol.

Son cheval heurta le mien avec une violence qui fit rouler les deux animaux sur le gazon. Renversé avec Moro, je fus presque aussitôt sur pied.

Tout cela s'était passé en beaucoup moins de temps qu'il n'en faut pour le dire.

En me relevant, je vis El Sol qui se tenait, le couteau à la main, près du Navajo garrotté par le nœud du lasso.

— Le cheval! le cheval! Assurez-vous du cheval! — cria Seguin, et les chasseurs se précipitèrent en foule à la poursuite du mustang, qui, la bride traînante, s'enfuyait à travers la prairie.

Au bout de quelques minutes, l'animal était pris au lasso, et ramené à la place qui avait failli être consacrée par ma tombe.

CHAPITRE XXVIII

Un dîner à deux services.

El Sol, ai-je dit, se tenait debout auprès de l'Indien étendu à terre. Sa physionomie trahissait deux sentiments : la haine et le triomphe.

Sa sœur arrivait en ce moment, au galop, et sautant en bas de son cheval, elle courut vers lui.

— Regarde,—lui dit son frère, en montrant le chef Navajo;— regarde le meurtrier de notre mère.

La jeune fille poussa une courte et vive exclamation; puis, tirant son couteau, elle se précipita sur le captif.

— Non, Luna! — cria El Sol, la tirant en arrière, — non ; nous ne sommes pas des assassins. Ce ne serait pas, d'ailleurs, une vengeance suffisante : il ne doit pas mourir encore. Nous le montrerons vivant aux femmes des Maricopas. Elles danseront la mamanchic autour du grand chef, du fier guerrier capturé sans aucune blessure!

Ces derniers mots, prononcés d'un ton méprisant, produisirent immédiatement leur effet sur le Navajo.

— Chien de Coco! — s'écria-t-il en faisant un effort involontaire pour se débarrasser de ses liens. — Chien de Coco! ligué avec les voleurs blancs. Chien!

— Ah! tu me reconnais, Dacoma? C'est bien...

— Chien! — répéta encore le Navajo, l'interrompant.

Les mots sortaient en sifflant à travers ses dents serrées, tandis que son regard brillait d'une férocité sauvage.

— C'est lui! c'est lui! cria Rubé, accourant au galop. — C'est lui! C'est un Indien aussi féroce qu'un couperet. Assommez-le! déchirez-le! écharpez-le à coups de lanières; c'est un échappé de l'enfer: que l'enfer le reprenne!

— Voyons votre blessure, monsieur Haller, — dit Seguin descendant de cheval, et s'approchant de moi non sans quelque inquiétude, à ce qu'il me parut. — Où est-elle? dans les chairs? Il n'y a rien de grave, pourvu toutefois que la flèche ne soit pas empoisonnée. Je le crains. El Sol! ici! vite, mon ami! Dites-moi si cette pointe n'a pas été empoisonnée.

— Retirons-la d'abord, — répondit le Maricopa, répondant à l'appel. — Il ne faut pas perdre de temps pour cela.

La flèche me traversait le bras d'outre en outre.

El Sol prit à deux mains le bout emplumé, cassa le bois près de la plaie, puis saisissant le dard du côté de la pointe, il le retira doucement de la blessure.

— Laissez saigner, — dit-il, — pendant que je vais examiner la pointe. Il ne semble pas que ce soit une flèche de guerre. Mais les Navajoès emploient un poison excessivement subtil. Heureusement j'ai le moyen de reconnaître sa présence, et j'en possède l'antidote.

En disant cela, il sortit de son sac une touffe de coton. Il essuya soigneusement le sang qui tachait la pointe. Il déboucha ensuite une petite fiole, et, versant quelques gouttes sur le métal, observa le résultat.

J'attendais avec une vive anxiété. Seguin aussi paraissait inquiet ; et comme je savais que ce dernier avait dû souvent être témoin des effets d'une flèche empoisonnée, j'étais peu rassuré par l'inquiétude qu'il manifestait en suivant l'opération. S'il craignait un danger, c'est que le danger devait être réel.

— Monsieur Haller, — dit enfin El Sol, — vous avez une heureuse chance. Je puis appeler cela une heureuse chance, car incontestablement votre antagoniste doit avoir dans son carquois des flèches moins inoffensives que celle-là.

Laissez-moi voir, — ajouta-t-il. Et, soulevant le Navajo, il tira une autre flèche du carquois qui était encore attaché derrière le dos de l'Indien. Après avoir renouvellé l'épreuve, il s'écria :

— Je vous le disais bien ! Regardez celle-ci ; verte comme du plantin ! Il en a tiré deux ; où est l'autre ? Camarades, aidez-moi à la trouver. Il ne faut pas laisser un pareil témoin derrière nous.

Quelques hommes descendirent de cheval, et cherchèrent la flèche qui avait été tirée la première. J'indiquai, autant que je le pus, la direction et la distance probable où elle devait se trouver ; un instant après, elle était ramassée.

El Sol la prit, et versa quelques gouttes de sa liqueur sur la pointe. Elle devint verte comme la précédente.

— Vous pouvez remercier vos patrons, M. Haller, — dit le Coco, — de ce que ce ne soit pas celle-ci qui ait traversé votre bras, car il aurait fallu toute la science du docteur Reichter, et la mienne, pour vous sauver. Mais qu'est-ce que cela? une autre blessure!... Ah! il vous a touché à la première charge. Laissez-moi voir.

— Je pense que ce n'est qu'une simple égratignure.

— Nous sommes ici sous un climat terrible, monsieur Haller. J'ai vu des égratignures de ce genre tourner en blessures mortelles quand on n'en prenait pas un soin suffisant. — Luna! un peu de coton, petite sœur! — Je vais tâcher de panser la vôtre de telle sorte que vous n'ayez à craindre aucun mauvais résultat. Je vous dois bien cela, car sans vous, monsieur, il m'aurait échappé.

— Mais sans vous, monsieur, il m'aurait tué.

— Ma foi, — reprit le Coco en souriant, — il est supposable que sans moi vous ne vous en seriez pas tiré aussi bien. Votre arme vous a trahi... Ce n'est pas chose facile que de parer un coup de lance avec la crosse d'un fusil, et vous avez merveilleusement exécuté cette parade. Je ne m'étonne pas que vous ayez eu recours au pistol et à la deuxième rencontre. J'en aurais fait autant, si je l'avais manqué une seconde fois avec mon lasso. Mais nous avons été favorisés tous les deux. Il vous faudra porter votre bras en écharpe pendant un jour ou deux. Luna! votre écharpe!

— Non ? — dis-je, voyant la jeune fille détacher une magnifique ceinture nouée autour de sa taille ; — non, je vous en prie, je trouverai autre chose.

— Tenez, monsieur, si cela peut convenir ? — dit le jeune trappeur Garey intervenant, — je suis heureux de pouvoir vous l'offrir.

Garey, en disant cela, tira un mouchoir de couleur de dessous sa blouse de chasse, et me le présenta.

— Vous êtes bien bon ; je vous remercie ! — répondis-je, bien que je comprisse en faveur de qui le mouchoir m'était offert. — Vous voudrez bien accepter ceci en retour ! — Et je lui tendis un de mes petits revolvers ; c'était une arme qui, dans un pareil moment, et sur un pareil théâtre, valait son poids de perles.

Le montagnard savait bien cela, et accepta avec reconnaissance le cadeau que je lui offrais. Mais quelque valeur qu'il pût y attacher, je vis que le simple sourire qu'il reçut d'un autre côté constituait à ses yeux une récompense plus précieuse encore, et je devinai que l'écharpe, à quelque prix que ce fut, changerait bientôt de propriétaire.

J'observais la physionomie d'El Sol pour savoir s'il avait remarqué et s'il approuvait tout ce petit manége. Aucun signe d'émotion n'apparut sur sa figure. Il était occupé de mes blessures et les pansait avec une adresse qui eût fait la réputation d'un membre de l'Académie de médecine.

— Maintenant, — dit-il quand il eût fini, — vous serez en état de rentrer en ligne dans une couple de jours au plus tard. Vous avez un mauvais mors, monsieur Haller, mais votre cheval est le meilleur que j'aie jamais vu. Je ne m'étonne pas que vous ayez refusé de le vendre.

Presque toute la conversation avait eu lieu en anglais. Le chef Coco parlait cette langue avec une admirable netteté et un accent des plus agréables. Il parlait français, aussi, comme un parisien ; et c'était ordinairement dans cette langue qu'il causait avec Seguin. J'en étais émerveillé.

Les hommes étaient remontés à cheval

et avaient hâte de regagner le camp. Nous mourrions littéralement de faim; nous retournâmes sur nos pas pour reprendre le repas interrompu d'une façon si intempestive.

A peu de distance du camp, nous mîmes pied à terre, et après avoir attaché nos chevaux à des piquets, au milieu de l'herbe, nous procédâmes à la recherche des débris de viande dont nous avions vu des quantités quelque temps auparavant. Un nouveau déboire nous était réservé; pas un lambeau de viande ne restait! Les coyotes avaient profité de notre absence, et nous ne trouvions plus que des os entièrement rongés. Les côtes et les cuisses des buffalos avaient été nettoyées et grattées comme avec un couteau. La hideuse carcasse du Digger, elle-même, était réduite à l'état de squelette!

— Bigre! — s'écria un des chasseurs; — du loup maintenant, ou rien. — Et l'homme mit son fusil en joue.

— Arrêtez! — cria Seguin voyant cela. — Êtes-vous fou, monsieur?

— Je ne crois pas, — capitaine, — répliqua le chasseur, relevant son fusil d'un air de mauvaise humeur. — Il faut pourtant bien que nous mangions, je suppose. Je ne vois plus que des loups par ici; et comment les attraperons-nous sans tirer dessus?

Seguin ne répondit rien, et se contenta de montrer l'arc qu'El Sol était en train de bander.

— Oh! c'est juste; vous avez raison, capitaine; je vous demande pardon. J'avais oublié ce morceau d'os.

Le Coco prit une flèche dans le carquois, en soumit la pointe à l'épreuve de sa liqueur. C'était une flèche de chasse : il l'ajusta sur la corde et l'envoya à travers le corps d'un loup blanc qui tomba mort sur le coup. Il retira sa flèche, l'essuya, et abattit un autre loup, puis un autre encore, et ainsi, jusqu'à ce que cinq ou six cadavres fussent étendus sur le sol.

— Tuez un coyote pendant que vous y êtes, — cria un des chasseurs. — Des gentlemen comme nous doivent avoir au moins deux services à leur dîner.

Tout le monde se mit à rire à cette saillie ; El Sol ne se fit pas prier, et ajouta un coyote aux victimes déjà sacrifiées.

— Je crois que nous en aurons assez maintenant pour un repas, — dit El Sol, retirant la flèche et la replaçant dans le carquois.

— Oui, — reprit le farceur. — S'il nous en faut d'autre, nous pourrons retourner à l'office. C'est un genre de viande qui gagne beaucoup à être mangée fraîche.

— Tu as raison, camarade, — dit un autre ; — pour ma part, j'ai toujours eu un goût particulier pour le loup blanc ; je vas me régaler.

Les chasseurs, tout en riant des plaisanteries de leur camarade, avaient tiré leurs couteaux brillants, et ils eurent bientôt dépouillé les loups. L'adresse avec laquelle cette opération fut exécutée prouvait qu'elle n'avait rien de nouveau pour eux.

La viande fut aussitôt dépecée, chacun prit son morceau et le fit rôtir.

— Camarades ! comment appellerez-vous cela ? Bœuf ou mouton ? demanda l'un d'eux qui commençait à manger.

— Du mouton-loup, pardieu ! — répondit-on.

— C'est ma foi un bon manger, tout de même. La peau une fois ôtée, c'est tendre comme de l'écureil.

— Ça vous a un petit goût de chèvre ; ne trouvez-vous pas ?

— Ça me rappelle plutôt le chien.

— Ça n'est pas mauvais du tout ; c'est

meilleur que du bœuf maigre comme on en mange si souvent.

— Je le trouverais un peu meilleur si j'étais sûr que celui que je mange n'a pas aidé à dépouiller la carcasse qui est là sur le rocher, — et l'homme montrait le squelette du Digger.

Cette idée était horrible, et dans toute autre circonstance elle eût agi sur nous comme de l'émétique.

— Pouah! — s'écria un chasseur, — vous m'avez presque soulevé le cœur. J'allais goûter du coyote avant que vous ne parliez. Je ne peux plus maintenant, car je les ai vus flairer autour avant que nous n'allions là-bas.

— Dis donc, vieux gourmand, tu ne t'inquiètes guère de ça, toi.

Cette question s'adressait à Rubé, qui était sérieusement occupé après une côte, et qui ne fit aucune réponse.

— Lui? allons donc, — dit un autre, répondant à sa place; — Rubé a mangé plus d'un bon morceau dans son temps. N'est-ce pas Rubé?

— Oui, et si vous devez vivre dans la

montagne aussi longtemps que l'Enfant vous serez bien aise de n'avoir jamais à mordre dans une viande plus répugnante que la viande du loup; croyez-moi, mes petits amours.

— De la chair humaine, peut-être?

— Oui, c'est ce que Rubé veut dire.

— Garçons, — dit Rubé, sans faire attention à la remarque, et paraissant de bonne humeur depuis que son appétit était satisfait, — quelle est la chose la plus désagréable, sans parler de la chair humaine, que chacun de vous ait jamais mangée?

— Eh bien, sans parler de la chair humaine, comme vous dites, — répondit un des chasseurs, — le rat musqué est la plus détestable viande à laquelle j'aie mis la dent.

— J'ai mangé tout cru un lièvre nourri de sauge, — dit un second, — et je n'ai jamais rien trouvé d'aussi amer.

— Les hiboux ne valent pas grand'chose, — ajouta un troisième.

— J'ai mangé du *chince* (1), continua un

---

(1) *Chinche, mouffette*, sorte de fouine douée d'une telle puissance d'infection, que son simple passage suffit à empoisonner un endroit clos pour un mois.

quatrième, — et je dois dire qu'il y a bien des choses qui sont meilleures.

— *Carajo!* — s'écria un Mexicain, — et que dites-vous du singe? J'en ai fait ma nourriture pendant assez longtemps dans le Sud.

— Oh! je crois volontiers que le singe est une nourriture coriace; mais j'ai usé mes dents après du cuir sec de buffalo, et je vous prie de croire que ce n'était pas tendre.

— L'Enfant, — reprit Rubé après que chacun eut dit son mot, — l'Enfant a mangé de toutes les créatures que vous avez nommées, si ce n'est pourtant du singe. Il n'a pas mangé de singe, parce qu'il n'y en a pas de ce côté-ci. Il ne vous dira pas si c'est coriace ou si ça ne l'est pas, si c'est amer ou non; mais, une fois dans sa vie, le vieux nègre a mangé d'une vermine qui ne valait pas mieux, si elle valait autant.

— Qu'est-ce que c'était, Rubé? qu'est-ce que c'était? — demandèrent-ils tous à la fois, curieux de savoir ce que le vieux chasseur pouvait avoir mangé de plus répugnant que les viandes déjà mentionnées.

— C'était du vautour noir; voilà ce que c'était.

— Du vautour noir! — répétèrent-ils tous.

— Pas autre chose.

— Pouah? Ça ne devait pas sentir bon, si je ne me trompe.

— Ça passe tout ce que vous pouvez dire.

— Et quand avez-vous mangé ce vautour, vieux camarade? — demanda un des chasseurs, supposant bien qu'il devait y avoir quelque histoire relative à ce repas.

— Oui, conte-nous ça, Rubé! conte-nous ça.

— Eh bien! commença Rubé, après un moment de silence, il y a à peu près six ans de cela ; j'avais été laissé à pied, sur l'Arkausau, par les Rapahoès, à près de deux cents milles au-dessous de la forêt du Big. Les maudits gueux m'avaient pris mon cheval, mes peaux de castor et tout. Hé! hé! continua l'orateur, avec un petit gloussement ; — hé! hé! ils croyaient bien en avoir fini avec le vieux Rubé, en le laisssant ainsi tout seul.

— S'ils l'ont fait, — remarqua un chasseur, — c'est qu'ils comptaient là-dessus. Eh bien! et le vautour?

— Ainsi donc j'étais dépouillé de tout: il ne me restait juste qu'un pantalon de peau, et j'étais à plus de deux cents milles de tout pays habité! Le fort de Bent était l'endroit le plus proche: je pris cette direction.

Je n'ai jamais vu de ma vie le gibier aussi farouche. Si j'avais eu mes trappes, je leur en aurais fait voir de grises; mais il n'y avait pas une de ces bêtes, depuis les mineurs aquatiques jusqu'aux buffalos de la prairie, qui ne parût comprendre à quoi le pauvre nègre en était réduit. Pendant deux grands jours, je ne pus rien prendre que des lézards, et encore c'est à peine si j'en trouvais.

— Les lézards font un triste plat, remarqua un des auditeurs.

— Vous pouvez le dire. La graisse de ces jointures de cuisse vaut mieux, bien sûr.

Et, en disant cela, Rubé renouvelait ses attaques au mouton-loup.

— Je mangeai les jambes de mes culottes, jusqu'à ce que je fusse aussi nu que la Roche de Chimely.

— Cré nom! était-ce en hiver.

— Non. Le temps était doux et assez

chaud pour qu'on pût aller ainsi. Je ne me souciais guère de mes jambes de peau à cet endroit; mais j'aurais voulu en avoir plus longtemps à manger.

Le troisième jour, je tombai sur une ville de rats des sables. Les cheveux du vieux nègre étaient plus longs alors qu'ils ne sont aujourd'hui. J'en fis des collets, et j'attrappai pas mal de rats; mais ils devinrent farouches, eux aussi, les satanés animaux, et je dus renoncer à cette spéculation. C'était le troisième jour depuis que j'avais été planté là, et j'en avais au moins pour toute une grande semaine. Je commençai à croire qu'il était temps pour l'Enfant de dire adieu à ce monde.

Le soleil venait de se lever, et j'étais assis sur le bord de la rivière, quand je vis quelque chose de drôle qui flottait sur l'eau. Quand ça s'approcha, je vis que c'était la carcasse d'un petit buffalo qui commençait à se gâter, et, dessus, une couple de vautours qui se régalaient à même. Tout ça était loin de la rive et l'eau était profonde ; mais je me dis que je l'amènerais à bord. Je ne fus pas long à me déshabiller, vous pensez.

Un éclat de rire des chasseurs interompit Rubé.

— Je me mis à l'eau et gagnai le milieu à la nage. Je n'avais pas fait la moitié du

chemin que je sentais la chose à plein nez.
En me voyant approcher, les oiseaux s'envolèrent. Je fus bientôt près de le carcasse mais je vis d'un coup d'œil qu'elle était trop avancée tout de même.

— Quel malheur! s'écria un des chasseurs.

Je n'étais pas d'humeur à avoir pris un bain pour rien : je saisis la queue entre dents et me mis à nager vers le bord. Au bout de trois brasses la queue se détacha!

Je poussai la charogne, en nageant derrière jusqu'à un banc de sable découvert.

Elle manqua tomber en pièces quand je la tirai de l'eau. *Ça n'était vraiment pas mangeable!*

Ici Rubé prit une nouvelle bouchée de mouton-loup et garda le silence jusqu'à ce qu'il l'eût avalée. Les chasseurs, vivement intéressés par ce récit, en attendaient la suite avec impatience. Enfin, il reprit :

Les deux oiseaux de proie voltigeaient à l'entour, et d'autres arrivaient aussi. Je pensai que je pourrais bien me faire un bon repas avec un d'entre eux. Je me couchai donc auprès de la carcasse et ne bougeai pas plus qu'un opossum.

Au bout de quelques instants, les oiseaux arrivèrent se poser sur le banc de sable et un gros mâle vint se percher sur la bête morte. Avant qu'il n'eût eu le temps de reprendre son vol, je l'avais agrippé par les pattes.

— Hourrah ! bien fait, nom d'un chien.

— L'odeur de la satanée bête n'était guère plus appétissante que celle de la charogne ; mais je m'inquiétais peu que ce fût du chien mort, du vautour ou du veau ; je plumai et dépouillai l'oiseau.

— Et tu l'as mangé ?

— Non-on, — répondit en traînant Rubé, vexé sans doute d'être ainsi interrompu, — c'est lui qui m'a mangé.

— L'as-tu mangé cru, Rubé? — demanda un des chasseurs.

— Et comment aurait-il fait autrement? il n'avait pas un brin de feu, et rien pour en allumer...

— Animal bête! — s'écria Rubé se retournant brusquement vers celui qui venait de parler; — je ferais du feu quand il n'y en aurait pas un brin plus près de moi que l'enfer!

Un bruyant éclat de rire suivit cette furieuse apostrophe, et il se passa quelques minutes avant que le trappeur se calmât assez pour reprendre sa narration.

— Les autres oiseaux, — continua-t-il enfin, — voyant le vieux mâle empoigné, devinrent sauvages, et s'en allèrent de l'autre côté de la rivière. Il n'y avait plus moyen de recommencer le même jeu. Justement alors, j'aperçus un coyote qui venait en rampant le long du bord, puis un autre sur ses talons, puis deux ou trois encore qui suivaient. Je savais bien que ce ne serait pas une plaisanterie commode que d'en empoigner un par la jambe; mais je résolus pourtant d'essayer, et je me recouchai comme auparavant près de la carcasse. Mais je vis que ça ne prenait pas. Les bêtes madrées se doutaient du tour et se tenaient à distance. J'aurais bien pu me cacher sous quelques broussailles qui étaient près de là, et je commençais à y tirer l'appât; mais une autre idée me vint. Il y avait un amas de bois sur le bord; j'en ramassai et construisis une trappe tout autour du cadavre. En un clin d'œil de chèvre, j'avais six bêtes prises au piége.

— Hourrah! tu étais sauvé alors, vieux troubadour.

— Je ramassai des pierres, j'en mis un

tas sur la trappe, et laissai tomber tout sur eux, et moi par dessus. Seigneur mon Dieu! camarades, vous n'avez jamais vu ni entendu pareil vacarme, pareils aboiements, hurlements, grognements, remuements : c'était comme si je les avais mis dans un bain de poivre. Hé! hé! hé! ho! ho! ho!

Et le vieux trappeur enfumé riait avec délices au souvenir de cette aventure.

— Et tu parvins jusqu'au fort de Bent, sain et sauf, j'imagine?

— Ou-ou-i. J'écorchai les bêtes avec une pierre tranchante, et je me fis une espèce de chemise et une sorte de pantalon. Le vieux nègre ne se souciait pas de donner à rire à ceux du fort en y arrivant tout nu. Je fis provision de viande de loup pour ma route, et j'arrivai en moins d'une semaine. Bill se trouvait là en personne; vous connaissez tous Bill Bent.

Ce n'était pas la première fois que nous nous voyions. Une demi-heure après mon arrivée au fort, j'étais équipé tout flambant neuf et pourvu d'un nouveau rifle; ce rifle, c'était *Tar-guts*, celui que voilà.

— Ah! c'est là que tu as eu Tar-guts, alors?

— C'est là que j'ai eu Tar-guts, et c'est

un bon fusil. Hi! hi! hi! Je ne l'ai pas gardé longtemps à rien faire. Hi! hi! hi! ho! ho! ho!

Et Rubé s'abandonna à un nouvel accès d'hilarité.

— A props de quoi ris-tu maintenant, Rubé? — demanda un de ses camarades.

— Hi! hi! hi! de quoi je ris? hi! hi! hi! ho! ho! C'est le meilleur de la farce. Hi! hi! hi! de quoi je ris?

— Oui, dis-nous ça, l'ami.

— Voilà de quoi je ris, — reprit Rubé

en s'apaisant un peu. — Il n'y avait pas trois jours que j'étais au fort de Bent, quand... Devinez qui arriva au fort ?

— Qui ? les Rapahoès peut-être ?

— Juste, les mêmes Indiens, les mêmes gredins qui m'avaient fichu à pied. Ils venaient au fort pour faire du commerce avec Bill, et, avec eux, ma vieille jument et mon fusil.

— Tu les as repris, alors ?

— Na-tu-relle-ment. Il y avait là des montagnards qui n'étaient pas gens à souffrir que l'Enfant eût été planté là au milieu de la prairie pour rien. La voilà, la vieille bête! — et Rubé montrait sa jument. — Pour le rifle, je le laissai à Bill, et je gardai en échange Tar-guts, voyant qu'il était meilleur.

— Ainsi, tu étais quitte avec les Rapahoès?

— Quant à çà, mon garçon, ça dépend de ce que tu appelles quitte. Vois-tu ces marques-là ; ces coches qui sont à part?

Le trappeur montrait une rangée de petites coches faites sur la crosse de son rifle.

— Oui ! oui ! — crièrent plusieurs voix.

— Il y en a cinq, n'est-ce pas ?

— Une, deux, trois... Oui, cinq.

— *Autant de Rapahoès !*

L'histoire de Rubé était finie.

CHAPITRE XXIX

Les fausses pistes. — Une ruse de trappeur.

Pendant ce temps, les hommes avaient terminé leur repas et commençaient à se réunir autour de Seguin dans le but de délibérer sur ce qu'il y avait à faire. On avait déjà envoyé une sentinelle sur les rochers pour surveiller les alentours, et nous avertir au cas où les Indiens se montreraient de nouveau sur la prairie.

Nous comprenions tous que notre position était des plus critiques. Le Navajo, notre prisonnier, était un personnage trop important (c'était le second chef de la nation) pour être abandonné ainsi; les hommes placés directement sous ses ordres, la moitié de la tribu environ, reviendraient certainement à sa recherche. Ne le trouvant pas à la source, en supposant même qu'ils ne découvrissent pas nos traces, ils retourneraient dans leur pays par le sentier de la guerre.

Ceci devait rendre notre expédition impraticable, car la bande de Dacoma seule était plus nombreuse que la nôtre ; et si nous rencontrions ces Indiens dans les défilés de leurs montagnes, nous n'aurions aucune chance de leur échapper.

Pendant quelque temps, Seguin garda le silence, et demeura les yeux fixés sur la terre. Il élaborait évidemment quelque plan d'action. Aucun des chasseurs ne voulut l'interrompre.

— Camarades, — dit-il enfin, — c'est un coup malheureux ; mais nous ne pouvions pas faire autrement. Cela aurait pu tourner plus mal. Au point où en sont les choses, il faut modifier nos plants. Ils vont, pour sûr, se mettre à la recherche de leur chef, et remonter jusqu'aux villes des Navajoès. Que faire, alors? Notre bande ne peut ni escalader le Pinon ni traverser le sentier de guerre en aucun point. Ils ne manqueraient pas de découvrir nos traces.

— Pourquoi n'irions-nous pas tout droit rejoindre notre troupe où elle est cachée, et ne ferions-nous pas le tour par la vieille mine? Nous n'aurons pas à traverser le sentier de la guerre.

Cette proposition était faite par un des chasseurs.

— *Vaya!* — objecta un Mexicain; —

nous nous trouverions nez à nez avec les Navajoès en arrivant à leur ville ! *Carrai!* ça ne peut pas aller, *amigo!* La plupart d'entre nous n'en reviendraient pas. *Santissima!* Non !

— Rien ne prouve que nous les rencontrerons, — fit observer celui qui avait parlé le premier ; — ils ne vont pas rester dans leur ville quand ils verront que celui qu'ils cherchent n'y est pas revenu.

— C'est juste, — dit Seguin ; — ils n'y resteront pas. Sans aucun doute, ils reprendront le sentier de la guerre ; mais je connais le pays du côté de la vieille mine.

— Allons par là ! allons par là ! crièrent plusieurs voix.

— Il n'y a pas de gibier de ce côté, — continua Seguin. — Nous n'avons pas de provisions ; il nous est impossible de prendre cette route.

— Pas moyen d'aller par là.

— Nous serions morts de faim avant d'avoir traversé les Mimbres.

— Et il n'y a pas d'eau non plus, sur cette route.

— Non, ma foi ; pas de quoi faire boire un rat des sables.

— Il faut chercher autre chose, — dit Seguin.

Après une pause de réflexions, il ajouta d'un air sombre :

— Il nous faut traverser le sentier, et aller par le Prieto, ou renoncer à l'expédition.

Le mot *Prieto*, placé en regard de cette phrase : *renoncer à l'expédition*, excita au plus haut degré l'esprit d'invention chez les chasseurs. On proposa plan sur plan ; mais tous avaient pour défaut d'offrir la probabilité, sinon la certitude, que nos traces seraient découvertes par l'ennemi et que nous serions rejoints avant d'avoir pu regagner le Del Norte. Tous furent donc rejetés les uns après les autres.

Pendant toute cette discussion, le vieux Rubé n'avait pas soufflé mot. Le trappeur essorillé était assis sur l'herbe, accroupi sur ses jarrets, traçant des lignes avec son couteau, et paraissant occupé à dresser le plan de quelque fortification.

— Qu'est-ce que tu fais-là, vieux fourreau de cuir ? — demanda un de ses camarades.

— Je n'ai plus l'oreille aussi fine qu'avant de venir dans ce maudit pays ; mais il me semble avoir entendu quelques-uns dire que nous ne pouvions pas traverser le sentier des Paches sans qu'on fût sur nos talons au bout de deux jours. Ça n'est pourtant pas malin.

— Comment vas-tu nous prouver ça, vieux...

— Tais-toi, imbécile ! ta langue remue comme la queue d'un castor quand le flot monte.

— Pouvez-vous nous indiquer un moyen de nous tirer de cette difficulté, Rubé ? J'avoue que je n'en vois aucun.

A cet appel de Seguin, tous les yeux se tournèrent vers le trappeur.

— Eh bien! capitaine, je vas vous dire comment je comprends la chose. Vous en prendrez ce que vous voudrez ; mais si vous faites ce que je vas vous dire, il n'y a ni Pache ni Navagh qui puisse flairer d'ici à une semaine par où nous serons passés. S'ils s'y reconnaissent, je veux que l'on me coupe les oreilles.

C'était la plaisanterie favorite de Rubé, et elle ne manquait jamais d'égayer les chasseurs. Seguin lui-même ne put réprimer un sourire et pria le trappeur de continuer.

— D'abord et avant tout, donc, — dit Rubé, — il n'y a pas de danger qu'on se mette à courir après ce mal blanchi avant deux jours au plus tôt.

— Comment cela?

— Voici pourquoi : vous savez que ce n'est qu'un second chef, et ils peuvent très bien se passer de lui. Mais ce n'est pas tout. Cet Indien a oublié son arc, cette machine blanche. Maintenant vous savez tous aussi bien que l'Enfant, qu'un pareil oubli est une mauvaise recommandation aux yeux des Indiens.

— Tu as raison en cela, vieux, — remarqua un chasseur.

— Eh bien! le gredin sait bien ça. Vous comprenez maintenant, et c'est aussi clair que le pic du *Pike*, qu'il est revenu sur ses pas sans dire aux autres une syllabe de pourquoi; il ne le leur a bien sûr pas laissé savoir, s'il a pu faire autrement.

— Cela est vraisemblable, — dit Seguin, — continuez, Rubé.

— Bien plus encore, continua le trappeur, je parierais gros qu'il leur a défendu de le suivre, afin que personne ne pût voir ce qu'il venait faire. S'il avait eu la pensée qu'on le sût, ou même qu'on le soupçonnât, il aurait envoyé quelque autre, et ne serait pas venu lui-même : voilà ce qu'il aurait fait.

Cela était assez vraisemblable, et la connaissance que les chasseurs de scalps avaient du caractère des Navajoès les confirma tous dans la même pensée.

— Je suis sûr qu'ils reviendront en arrière, — continua Rubé, — du moins la moitié de la tribu, celle qu'il commande. Mais il se passera trois jours et peut-être quatre avant qu'ils ne boivent l'eau de Pignion.

— Mais ils seront sur nos traces le jour d'après.

— Si nous sommes assez fous pour laisser des traces, ils les suivront, c'est clair.

— Et comment ne pas en laisser? — demanda Seguin.

— Ça n'est pas plus difficile que d'abattre un arbre.

— Comment? Comment cela? — demanda tout le monde à la fois.

— Sans doute, mais quel moyen employer? — demanda Seguin.

— Vraiment, cap'n, il faut que votre chute vous ait brouillé les idées. Je croyais qu'il n'y avait que ces autres brutes capables de ne pas trouver le moyen du premier coup.

— J'avoue, Rubé, — répondit Seguin en souriant, — que je ne vois pas comment vous pouvez les mettre sur une fausse voie.

— Eh bien! donc, — continua le trappeur, quelque peu flatté de montrer sa supériorité dans les ruses de la prairie, — l'Enfant est capable de vous dire comment il peut les mettre sur une voie qui les conduira tout droit à tous les diables.

— Hourrah pour toi, vieux sac de cuir !

— Vous voyez ce carquois sur l'épaule de cet Indien ?

— Oui, oui !

— Il est plein de flèches ou peu s'en faut, n'est-ce pas ?

— Il l'est. Eh bien ?

— Eh bien ! donc, qu'un de nous enfourche le mustang de l'Indien ; n'importe qui peut faire ça aussi bien que moi; qu'il traverse le sentier des Paches, et qu'il jettes ces flèches la pointe tournée vers le sud, et si les Navaghs ne suivent pas cette direction jusqu'à ce qu'ils aient rejoint les Paches, l'Enfant vous abandonne sa chevelure pour une pipe du plus mauvais tabac de Kaintucky.

— *Viva!* Il a raison! il a raison! Hourrah pour le vieux Rubé! — s'écrièrent tous les chasseurs en même temps.

— Ils ne comprendront pas trop pourquoi il a pris ce chemin, mais ça ne fait rien? Ils reconnaîtront les flèches, ça suffit. Pendant qu'ils s'en retourneront par là-bas, nous irons fouiller dans leur garde-manger; nous aurons tout le temps nécessaire pour nous tirer tranquillement du guépier, et revenir chez nous.

— Oui, c'est cela, par le diable!

— Notre bande, — continua Rubé, — n'a pas besoin de venir jusqu'à la source du Pignion, ni à présent ni après. Elle peut traverser le sentier de la guerre, plus haut, vers le Heely, et nous rejoindre de l'autre côté de la modtagne, où il y a en masse du gibier, des buffalos et du bétail de toute espèce. La vieille terre de la Mission en est pleine. Il faut absolument que nous passions par là; il n'y a aucune chance de trouver des bisons par ici, après la chasse que les Indiens viennent de leur donner.

— Tout cela est juste, — dit Seguin. — Il faut que nous fassions le tour de la montagne avant de rencontrer des buffalos. Les chasseurs indiens les ont fait disparaître des Llanos. Ainsi donc, en route! mettons-nous tout de suite à l'ouvrage. Nous avons encore deux heures avant le coucher du soleil. Par quoi devons-nous commencer, Rubé? Vous avez fourni l'ensemble du plan ; je me fie à vous pour les détails.

— Eh bien! dans mon opinion, cap'n, la

première chose que nous ayons à faire, c'est d'envoyer un homme, au grandissime galop, à la place où la bande est cachée. Il leur fera traverser le sentier.

— Où pensez-vous qu'ils devront le traverser ?

— A peu près à vingt milles au nord d'ici, il y a une place sèche et dure, une bonne place pour ne pas laisser de traces. S'ils savent s'y prendre, ils ne feront pas d'empreintes qu'on puisse voir. Je me chargerais d'y faire passer un convoi de wagons de la compagnie Bent sans que le plus madré des Indiens soit capable d'en reconnaître la piste; je m'en chargerais.

— Je vais envoyer immédiatement un homme. Ici, Sanchez! vous avez un bon cheval, et vous connaissez le terrain. Nos amis sont cachés à vingt mille d'ici, tout au plus. Conduisez-les le long du bord et avec précaution, comme on l'a dit. Vous nous trouverez au nord de la montagne. Vous pouvez courir toute la nuit, et nous avoir rejoint demain matin de bonne heure. Allez!

Le torero, sans faire aucune réponse, détacha son cheval du piquet, sauta en selle, et prit au galop la direction du nord-ouest.

— Heureusement, — dit Seguin, le suivant de l'œil pendant quelques instants, — ils ont piétiné le sol ici tout autour ; autrement, les empreintes de notre dernière lutte en auraient raconté long sur notre compte.

— Il n'y a pas de danger de ce côté, — répliqua Rubé ; — mais quand nous aurons quitté d'ici, cap'n, nous ne suivrons plus leur route. Ils découvriraient bientôt notre piste. Il faut que nous prenions un chemin qui ne garde pas de traces. — Et Rubé montrait le sentier pierreux qui s'étendait au nord et au sud, contournant le pied de la montagne.

— Oui, nous suivrons ce chemin ; nous n'y laisserons aucune empreinte. Et puis, après?

— Ma seconde idée est de nous débarrasser de cette machine qui est là-bas. — Et le trappeur, en disant ces mots, indiquait d'un geste de tête le squelette du Yamporica.

— C'est vrai, j'avais oublié cela. Qu'allons-nous en faire?

— Enterrons-le, — dit un des hommes.

— Ouais! non pas. Brûlons-le! — conseilla un autre.

— Oui, ça vaut mieux, — fit un troisième.

On s'arrêta à ce dernier parti.

Le squelette fut amené en bas; les taches de sang soigneusement effacées des rochers; le crâne brisé d'un coup de tomahawk; les ossements mis en pièces ; puis le tout fut jeté dans le feu mêlé avec un tas d'os de buffalos déjà carbonisés sous les cendres. Un anatomiste seul aurait pu trouver là les vestiges d'un squelette humain.

— A présent, Rubé, les flèches?

— Si vous voulez me laisser faire avec Bill Garey, je crois qu'à nous deux nous arrangerons ça de manière à mettre dedans tous les Indiens du pays. Nous aurons à peu près trois milles à faire, mais nous serons revenus avant que vous ayez fini de remplir les gourdes, les outres, et tout préparé pour le départ.

— Très bien ! prenez les flèches.

— C'est assez de quatre attrapes, — dit Rubé, tirant quatre flèches du carquois. — Gardez le reste. Nous aurons besoin de viande de loup avant de nous en aller.

Nous ne trouverons pas la queue d'une autre bête tant que nous n'aurons pas fait le tour de la montagne. Billye! enfourche-moi le mustang de ce Navagh. C'est un beau cheval ; mais je ne donnerais pas ma vieille jument pour tout un escadron de ses pareils. Prends une de ces plumes noires.

Le vieux trappeur arracha une des plumes d'autruche du casque de Dacoma, et continua :

— Garçons! veillez sur la vieille jument jusqu'à ce que je revienne; ne la laissez pas échapper. Il me faut une

couverture. — Allons! ne parlez pas tous
à la fois.

— Voilà, Rubé, voilà! — crièrent tous
les chasseurs, offrant chacun sa couverture.

— J'en aurai assez d'une. Il ne nous
en faut que trois; celle de Bill, la mienne
et une autre. Là, Billye, mets ça devant
toi. Maintenant suis le sentier des Paches
pendant trois cents yards à peu près, et
ensuite tu traverseras ; ne marche pas
dans le frayé; tiens-toi à mes côtés, et
marque bien tes empreintes. Au galop,
animal!

Le jeune chasseur appuya ses talons contre les flancs du mustang, et partit au grand galop en suivant le sentier des Apachès.

Quand il eut couru environ trois cents yards, il s'arrêta, attendant de nouvelles instructions de son camarade.

Pendant ce temps, le vieux Rubé prenait une flèche et, attachant quelques brins de plumes d'autruche à l'extrémité barbelée, il la fichait dans la plus élevée des perches que les Indiens avaient laissées debout sur le terrain du camp. La pointe était tournée vers le sud du sentier des Apachès, et la flèche était si bien en vue, avec sa plume noire, qu'elle ne pouvait manquer de frapper les yeux de quiconque viendrait du côté des Llanos.

Cela fait, il suivit son camarade à pied, se tenant à distance du sentier et marchant avec précaution. En arrivant près de Garey, il posa une seconde flèche par terre, la pointe tournée aussi vers le sud, et de façon à ce qu'elle pût être aperçue de l'endroit où était la première.

Garey galopa encore en avant, en suivant le sentier, tandis que Rubé marchait, dans la prairie, sur une ligne parallèle au sentier.

Après avoir fait ainsi deux ou trois milles, Garey ralentit son allure, et mit le mustang au pas. Un peu plus loin, il s'arrêta de nouveau, et mit le cheval au repos dans la partie battue du chemin.

Là, Rubé le rejoignit, et étendit les trois couvertures sur la terre, bout à bout, dans la direction de l'ouest, en travers du chemin. Garey mit pied à terre et conduisit le cheval tout doucement en le faisant marcher sur les couvertures.

Comme ses pieds ne portaient que sur deux à la fois, à mesure que celle de derrière devenait libre, elle était enlevée et replacée en avant. Ce manége fut répété jusqu'à ce que le mustang fût arrivé à environ cinquante fois sa longueur dans le milieu de la prairie. Tout cela fut exécuté avec une adresse et une élégance égales à celles que déploya sir Walter Raleigh dans le trait de galanterie qui lui a valu sa réputation.

Garey alors ramassa les couvertures, remonta à cheval et revint sur ses pas en suivant le pied de la montagne; Rubé était retourné auprès du sentier et avait placé une flèche à l'endroit où le mustang l'avait quitté; et il continuait à marcher vers le sud avec la quatrième.

Quand il eut fait près d'un demi-mille,

nous le vîmes se baisser au-dessus du sentier, se relever, traverser vers le pied de la montagne, et suivre la route qu'avait prise son compagnon. Les fausses pistes étaient posées ; la ruse était complète.

El Sol, de son côté, n'était pas resté inactif. Plus d'un loup avait été tué et dépouillé, et la viande avait été empaquetée dans les peaux. Les gourdes étaient pleines, notre prisonnier solidement garrotté sur une mule, et nous attendions le retour de nos compagnons.

Seguin avait résolu de laisser deux hommes en védette à la source. Ils avaient pour instructions de tenir leurs chevaux au milieu des rochers et de leur porter à boire avec un seau, de manière à ne pas faire d'empreintes fraîches auprès de l'eau. L'un d'eux devait rester constamment sur une éminence, et observer la prairie avec la lunette. Dès que le retour des Navajoès serait signalé, leur consigne était de se retirer, sans être vus, en suivant le pied de la montagne ; puis de s'arrêter dix milles plus loin au nord, à une place d'où l'on découvrait encore la plaine.

Là, ils devaient demeurer jusqu'à ce qu'ils eussent pu s'assurer de la direction prise par les Indiens en quittant la source, et, alors seulement, venir en toute hâte rejoindre la bande avec leurs nouvelles.

Tous ces arrangements étaient pris, lorsque Rubé et Garey revinrent; nous montâmes à cheval, et nous dirigeâmes, par un long circuit, vers le pied de la montagne. Quand nous l'eûmes atteint, nous trouvâmes un chemin pierreux sur lequel les sabots de nos chevaux ne laissaient aucune empreinte. Nous marchions vers le Nord, en suivant une ligne presque parallèle au *Sentier de la guerre*.

XXX

Un troupeau cerné.

Une marche de vingt milles nous conduisit à la place où nous devions être rejoints par le gros de la bande. Nous fîmes halte près d'un petit cours d'eau qui prenait sa source dans le Pinon et courait à l'ouest vers le San-Pedro. Il y avait là du bois pour nous et de l'herbe en abondance pour nos chevaux.

Nos camarades arrivèrent le lendemain matin, ayant voyagé toute la nuit. Leurs provisions étaient épuisées aussi bien que les nôtres, et au lieu de nous arrêter pour reposer nos bêtes fatiguées, nous dûmes pousser en avant, à travers un défilé de la Sierra, dans l'espoir de trouver du gibier de l'autre côté.

Vers midi, nous débouchions dans un pays coupé de clairières, de petites prairies entourées de forêts touffues, et semées d'îlots de bois.

Ces prairies étaient couvertes d'un épais gazon, et les traces des buffalos se montraient tout autour de nous. Nous voyions leurs *sentiers*, leurs *débris de cornes* et leurs *lits*. Nous voyions aussi le *bois de vache* du bétail sauvage. Nous ne pouvions pas manquer de rencontrer bientôt des uns ou des autres.

Nous étions encore sur le cours d'eau, près duquel nous avions campé la nuit précédente, et nous fîmes une halte méridienne pour rafraîchir nos chevaux.

Autour de nous, des cactus de toutes formes nous fournissent en abondance des fruits rouges et jaunes. Nous cueillons des poires de *pitahaya*, et nous les mangeons avec délices; nous trouvons des baies de cormier, des yampas et des racines de *pomme blanche*. Nous composons un excellent dîner avec des fruits et des légumes de toutes sortes qu'on ne rencontre à l'état indigène que dans ces régions sauvages.

Mais les estomacs des chasseurs aspirent à leur réfection favorite, les *bosses* et les *boudins* de buffalo; après une halte de deux heures, nous nous dirigeons vers les clairières.

Il y avait une heure environ que nous marchions entre les *chapparals*, quand

Rubé, qui était de quelques pas en avant, nous servant de guide, se retourna sur sa selle, et indiqua quelque chose derrière lui.

— Qu'est-ce qu'il y a, Rubé? — demanda Seguin à voix basse.

— Piste fraîche, Cap'n ; bisons !

— Combien ? pouvez-vous dire ?

— Un troupeau d'une cinquantaine. Ils ont traversé le fourré là-bas. Je vois le ciel. Il y a une clairière pas loin de nous, et je parierais qu'il y en a un tas dedans.

Je crois que c'est une petite prairie, Cap'n.

— Halte! messieurs, — dit Seguin, — halte! et faites silence. Va en avant, Rubé. Venez, monsieur Haller; vous êtes amateur de chasse; venez avec nous!

Je suivis le guide et Seguin à travers les buissons, m'avançant tout doucement et silencieusement, comme eux.

Au bout de quelques minutes nous atteignions le bord d'une prairie remplie de hautes herbes. En regardant avec précaution à travers les feuilles d'un *prosopis*, nous découvrimes toute la clairière. Les buffalos étaient au milieu.

C'était, comme Rubé l'avait bien conjecturé, une petite prairie, large d'un mille et demi environ, et fermée de tous côtés par un épais rideau de forêts. Près du centre il y avait un bouquet d'arbres vigoureux qui s'élançait du milieu d'un fourré touffu. Un groupe de saules, en saillie sur ce petit bois, indiquait la présence de l'eau.

— Il y a une source là-bas, — murmura Rubé ; — ils sont justement en train d'y rafraîchir leurs mufles.

Cela était assez visible ; quelques-uns des animaux sortaient en ce moment du milieu des saules, et nous pouvions distinguer leurs flancs humides et la salive qui dégouttait de leurs babines.

— Comment les prendrons-nous, Rubé ? — demanda Seguin, — pensez-vous que nous puissions les approcher ?

— Je n'en doute pas, cap'n. L'herbe peut nous cacher facilement, et nous pouvons nous glisser à l'abri des buissons.

— Mais comment ? Nous ne pourrons pas les poursuivre; il n'y a pas assez de champ libre. Ils seront dans la forêt au premier bruit. Nous les perdrons tous.

— C'est aussi vrai que l'Écriture.

— Que faut-il faire alors?

— Le vieux nègre ne voit qu'un seul moyen à prendre.

— Lequel?

— Les entourer.

— C'est juste; si nous pouvons. Comment est le vent?

— Mort comme un Indien à qui on a coupé la tête, — répondit le trappeur prenant une légère plume de son bonnet et la lançant en l'air. — Voyez, cap'n, elle retombe d'aplomb !

— Oui, c'est vrai !

— Nous pouvons entourer les buffles avant qu'ils ne nous éventent, et nous avons assez de monde pour leur faire une bonne haie. Mettons-nous vite à la besogne, cap'n ; il y a à marcher d'ici au bout là-bas.

— Divisons nos hommes, alors, — dit Seguin retournant son cheval.—Vous en conduirez la moitié à leur poste, je me chargerai des autres. Monsieur Haller, restez où vous êtes : c'est une place aussi bonne que n'importe quelle autre. Quand vous entendrez le clairon, vous pourrez galoper en avant, et vous ferez de votre mieux. Si nous réussissons, nous aurons du plaisir et un bon souper ; et je suppose que vous devez en avoir besoin.

Ce disant, Seguin me quitta et retourna vers les hommes, suivi du vieux Rubé.

Leur intention était de partager la bande en deux parts, d'en conduire une par la gauche, l'autre par la droite, et de placer les hommes de distance en distance tout autour de la prairie. Ils devaient marcher à couvert sous le bois et ne se montrer qu'au signal convenu. De cette manière, si les buffalos voulaient nous donner le temps d'exécuter la manœuvre, nous étions sûrs de prendre tout le troupeau.

Aussitôt que Seguin m'eut quitté, j'examinai mon rifle, mes pistolets, et renouvelai les capsules. Après cela, n'ayant plus rien à faire, je me mis à considérer les animaux qui paissaient, insouciants du danger.

Un moment après, je vis les oiseaux s'envoler dans les bois; et les cris du geai bleu m'indiquaient les progrès de la battue.

De temps à autre, un vieux buffle, sur

les flancs du troupeau, secouait sa crinière hérissée, reniflait le vent et frappait vigoureusement le sol de son sabot; il avait évidemment un soupçon que tout n'allait pas bien autour de lui.

Les autres semblaient ne pas remarquer ces démonstrations, et continuaient à brouter tranquillement l'herbe luxuriante.

Je pensais au beau coup de filet que nous allions faire, lorsque mes yeux furent attirés par un objet qui sortait de l'îlot de bois. C'était un jeune buffalo qui se rapprochait du troupeau. Je trouvais quelque peu étrange qu'il se fût ainsi séparé du reste de la bande, car les jeunes veaux, élevés par leurs mères dans la crainte du loup, ont l'habitude de rester au milieu des troupeaux.

— Il sera resté en arrière à la source, pensai-je. Peut-être les autres l'ont-ils repoussé du bord et n'a-t-il pu boire que quand ils ont été partis.

Il me sembla qu'il marchait difficilement, comme s'il eût été blessé ; mais comme il s'avançait au milieu des hautes herbes, je ne le voyais qu'imparfaitement.

Il y avait là une bande de coyotes (il y en a toujours) guettant le troupeau. Ceux-ci, apercevant le veau qui sortait du bois, dirigèrent une attaque simultanée contre lui. Je les vis qui l'entouraient, et il me sembla que j'entendais leurs hurlements féroces ; mais le veau paraissait se frayer chemin, en se défendant, à travers le plus épais de cette bande, et, au bout de peu d'instants, je l'aperçus près de ses compagnons et je le perdis de vue au milieu de tous les autres.

— C'est un bon gibier que le jeune bison ! — me dis-je à moi-même ; — et je portai mes yeux autour de la ceinture du bois pour reconnaître où les chasseurs en étaient de la battue. Je voyais les ailes brillantes des geais miroiter à travers les branches, et j'entendais leurs cris perçants. Jugeant d'après ces signes, je reconnus que les hommes s'avançaient assez lentement. Il y avait une demi-heure que Seguin m'avait quitté, et ils n'avaient pas encore fait la moitié du tour.

Je me mis alors à calculer combien de temps j'avais encore à attendre, et me livrai au monologue suivant :

— La prairie a un mille et demi de diamètre ; le cercle fait trois fois autant, soit quatre milles et demi. Bash ! le signal ne sera pas donné avant une heure. Prenons donc patience, et — mais qu'est-ce ? les bêtes se couchent ! Bon. Il n'y a pas de danger qu'elles se sauvent. Nous allons faire une fameuse chasse ? Une, deux, trois... en voilà six de couchées. C'est probablement la chaleur et l'eau. Elles auront trop bu. Encore une! heureuses bêtes! Rien autre chose à faire qu'à manger et à dormir, tandis que moi... Et de huit. Cela va bien. Je vais bientôt me trouver en face d'un bon repas. Elles s'y prennent d'une drôle de manière pour se coucher. On dirait qu'elles tombent comme blessées. Deux de plus! Elles y seront bientôt toutes. Tant mieux. Nous serons arrivés dessus avant qu'elles n'aient eu le temps de se relever. Oh! je voudrais bien entendre le clairon.

Et tout en roulant ces pensées, j'écoutais si je n'entendais pas le signal, quoique sachant fort bien qu'il ne pouvait pas être donné de quelque temps encore.

Les buffalos s'avançaient lentement,

broutant tout en marchant, et continuant de se coucher l'un après l'autre. Je trouvais assez étrange de les voir ainsi s'affaisser successivement, mais j'avais vu des troupeaux de bétail, près des fermes, en faire autant, et j'étais à cette époque peu familiarisé avec les mœurs des buffalos. Quelques-uns semblaient s'agiter violemment sur le sol et le frapper avec force de leurs pieds. J'avais entendu parler de la manière toute particulière dont ces animaux ont l'habitude de se *vautrer*, et je pensai qu'ils étaient en train de se livrer à cet exercice. J'aurais voulu mieux jouir de la vue de ce curieux spectacle; mais les hautes herbes m'en empêchaient. Je n'apercevais que leurs épaules velues et de temps en temps, quelque sabot qui s'élevait au-dessus de l'herbe.

Je suivais ces mouvements avec un grand intérêt, et j'étais certain maintenant que l'enveloppement serait complet avant qu'il ne leur prît fantaisie de se lever.

Enfin, le dernier de la bande suivit l'exemple de ses compagnons et disparut.

Ils étaient alors tous sur le flanc, à moitié ensevelis dans l'herbe. Il me sembla que je voyais le veau encore sur ses pieds; mais à ce moment le clairon retentit, et des cris partirent de tous les côtés de la prairie.

J'appuyai l'éperon sur les flancs de mon cheval et m'élançai dans la plaine. Cinquante autres avaient fait comme moi, poussant des cris en sortant du bois.

La bride dans la main gauche, et mon rifle posé en travers devant moi, je galopais avec toute l'ardeur que pouvait inspirer une pareille chasse. Mon fusil était armé, je me tenais prêt, et je tenais à honneur de tirer le premier coup.

Il n'y avait pas loin du poste que j'avais

occupé au buffalo le plus rapproché. Mon cheval allait comme une flèche, et je fus bientôt à portée.

— Est-ce que la bête est endormie? Je n'en suis plus qu'à dix pas et elle ne bouge pas ! Ma foi je vais tirer dessus pendant qu'elle est couchée.

Je levai mon fusil, je mis en joue, et j'appuyai le doigt sur la détente, lorsque quelque chose de rouge frappa mes yeux, c'était du sang !

J'abaissai mon fusil avec un sentiment de terreur et retins les rênes. Mais, avant que j'eusse pu ralentir ma course, je fus porté au milieu du troupeau abattu. Là, mon cheval s'arrêta court, et je restai cloué sur ma selle comme sous l'empire d'un charme. Je me sentais saisi d'une superstitieuse terreur. Devant moi, autour de moi, du sang ! De quelque côté que mes yeux se portassent, du sang, toujours du sang !

Mes camarades se rapprochaient, criant tout en courant; mais leurs cris cessèrent, et, l'un après l'autre, ils tirèrent la bride, comme j'avais fait, et demeurèrent confondus et consterné.

Un pareil spectacle était fait pour étonner, en effet. Devant nous gisaient les cadavres des buffalos, tous morts ou dans les dernières convulsions de l'agonie. Chacun d'eux portait sous la gorge une blessure d'où le sang coulait à gros bouillons, et se répandait sur leurs flancs encore pantelants. Il y en avait des flaques sur le sol de la prairie, et les éclaboussures des coups de pieds convulsifs tachaient le gazon tout autour.

— Mon Dieu ! qu'est-ce que cela veut dire ?

— Whagh ! — *santissima !* — sacrr... — s'écrièrent les chasseurs.

— Ce n'est bien sûr pas la main d'un homme qui a fait cela?

— Eh! ce n'est pas autre chose, — cria une voix bien connue, — si toutefois vous appelez un Indien un homme. C'est un tour de peau-rouge, et l'Enfant... Tenez! tenez!

En même temps que cette exclamation, j'entendis le craquement d'un fusil que l'on arme. Je me retournai; Rubé mettait en joue. Je suivis machinalement la direction du canon, j'aperçus quelque chose qui se remuait dans l'herbe.

— C'est un buffalo qui se débat encore!

— pensai-je, voyant une masse velue d'un gris-brun, il veut l'achever... tiens, c'est le veau!

J'avais à peine fait cette remarque que je vis l'animal se dresser sur ses deux jambes de derrière en poussant un cri sauvage, mais humain. L'enveloppe hérissée tomba, et un sauvage tout nu, se montra, tendant ses bras, dans une attitude suppliante.

Je n'aurais pu le sauver. Le chien s'était abattu, et la balle était partie ; elle avait percé la brune poitrine ; le sang jaillit et la victime tomba en avant sur le corps d'un des buffles.

— Whagh! Rubé! — s'écria un des hommes ; — pourquoi ne lui as-tu pas laissé le temps d'écorcher le gibier? Il s'en serait si bien acquitté pendant qu'il était en train... Et le chasseur éclata de rire après cette sanglante plaisanterie.

— Cherchez par là, garçons! — dit Rubé montrant l'îlot. — Si vous cherchez bien, vous ferez partir un autre veau! Je vais m'occuper de la chevelure de celui-ci.

Les chasseurs, sur cet avis, se dirigèrent au galop vers l'îlot avec l'intention de l'entourer.

Je ne pus réprimer un sentiment de dégoût en assistant à cette froide effusion du sang. Je tirai ma bride par un mouvement involontaire, et m'éloignai de la place où le sauvage était tombé. Il était couché sur le ventre, et nu jusqu'à la ceinture. Le trou par lequel la balle était sortie se trouvait placé sous l'épaule gauche. Les membres s'agitaient encore, mais c'étaient les dernières convulsions de l'agonie.

La peau qui avait servi à son déguisement était en paquet à la place où il l'avait jetée. Près de cette peau se trouvait un arc et plusieurs flèches : celles-ci étaient rouges jusqu'à l'encoche. Les plumes, pleines de sang, étaient collées au bois. Ces flèches avaient percé d'outre en outre les corps monstrueux des animaux. Chacune d'elles avait fait plusieurs victimes.

Le vieux trappeur se dirigea vers le cadavre, et descendit posément de cheval.

— Cinquante dollars par chevelure! — murmura-t-il, dégaîgnant son couteau, et se baissant vers le corps : — c'est plus que je n'aurais pu tirer de la mienne. Ça vaut mieux qu'une peau de castor. Au diable les castors! dit l'Enfant. Tendre des trappes pour ramasser des peaux, c'est un fichu métier, quand bien même le gibier donnerait comme les mangeurs d'herbe dans la saison des veaux. — Allons, toi, nègre!

continua-t-il en saisissant la longue chevelure du sauvage, et retournant sa figure en l'air : je vas te gâter un peu le visage. Hourrah! coyote de Pache! hourrah!

Un éclair de triomphe et de vengeance illumina la figure de l'étrange vieillard pendant qu'il poussait ce dernier cri.

— Est-ce que c'est un Apache?—demanda un des chasseurs, qui était resté près de Rubé.

— C'en est un, un coyote de Pache, un de ces gredins qui ont coupé les oreilles de l'Enfant : que l'enfer les prenne tous! Je jure bien d'arranger de la même façon tous ceux qui me tomberont dans les griffes. *Wou-wough!* vilain loup! tu y es, toi! te v'la propre, hein !

En parlant ainsi, il rassemblait les longues boucles de cheveux dans sa main gauche, et en deux coups de couteau, l'un en quarte, l'autre en tierce, il décrivit autour du crâne un cercle aussi parfait que s'il eût été tracé au compas. Puis la lame brillante passa sous la peau et le scalp fut enlevé.

— Et de six, — continua-t-il, se parlant à lui-même en plaçant le scalp dans sa ceinture. — Six à cinquante la pièce. —

Trois cents dollars de chevelures Paches.
—Au diable, ma foi, les trappes et les castors.

Après avoir mis en sûreté le trophée sanglant, il essuya son couteau sur la crinière d'un des buffalos, et se mit en devoir de faire, sur la crosse de son fusil, une nouvelle entaille à la suite des cinq qui y étaient déjà marquées. Ces six coches indiquaient seulement les Apachès; car, en regardant le long du bois de l'arme, je vis qu'il y avait plusieurs colonnes à ce terrible registre.

CHAPITRE XXXI

Un autre coup.

La détonation d'un fusil frappa mes oreilles et détourna mon attention des faits et gestes du vieux trappeur.

En me retournant, je vis un léger nuage

bleu flottant sur la prairie, mais il me fut impossible de deviner sur quoi le coup avait été tiré. Trente ou quarante chasseurs avaient entouré l'îlot et restaient immobiles sur leurs selles, formant une sorte de cercle irrégulier. Ils étaient encore à quelque distance du petit bois, et hors de portée des flèches. Ils tenaient leurs fusils en travers et échangeaient des cris.

Évidemment, le sauvage n'était pas seul. Il devait avoir un ou plusieurs compagnons dans le fourré. Toutefois, il ne pouvait pas y en avoir en grand nombre; car les broussailles inférieures n'étaient pas capables de recéler plus d'une douzaine de corps, et les yeux perçants des chasseurs fouillaient dans toutes les directions.

Il me semblait voir une compagnie de chasseurs dans une bruyère, attendant que le gibier partît ; mais ici, Dieu puissant ! le gibier était de la race humaine !

C'était un terrible spectacle. Je tournai les yeux du côté de Seguin pensant qu'il interviendrait peut-être pour arrêter cette atroce *battue*. Il vit mon regard interrogateur et détourna la tête. Je crus apercevoir qu'il était honteux de l'œuvre à laquelle ses compagnons travaillaient ; mais la nécessité commandait de tuer ou de prendre tous les Indiens qui pouvaient se trouver dans l'îlot ; je compris que toute observation de ma part serait absolument inutile.

Quant aux chasseurs eux-mêmes, ils n'auraient fait qu'en rire. C'était leur plaisir et leur profession ; et je suis certain que, dans ce moment, leurs sentiments étaient exactement de la même nature que ceux qui agitent les chasseurs en train de débusquer un ours de sa tanière. L'intérêt était peut-être plus vivement excité encore ; mais à coup sûr il n'y avait pas plus de disposition à la merci.

Je retins mon cheval, et attendis, plein d'émotions pénibles, le dénouement de ce drame sauvage.

— *Vaya! Irlandes!* qu'est-ce que vous avez vu? — demanda un des Mexicains s'adressant à Barney. Je reconnus par là que c'était l'Irlandais qui avait fait feu.

— Une peau rouge, par le diable! — répondit celui-ci.

— N'est-ce pas ta propre tête que tu auras vue dans l'eau? cria un chasseur d'un ton moqueur.

— C'était peut-être le diable, Barney!

— Vraiment, camarades, j'ai vu quelque chose qui lui ressemblait fort, et je l'ai tué tout de même.

— Ha! ha! Barney a tué le diable! Ha! ha!

— Vbagh! — s'écria un trappeur, poussant son cheval vers le fourré; l'imbécile n'a rien vu du tout. Je parie tout ce qu'on voudra...

— Arrêtez, camarade, — cria Garey, prenons des précautions, méfions-nous des peaux-rouges. Il y a des Indiens là-dedans, qu'il en ait vu ou non; ce gredin-là n'était pas seul, bien sûr, essayons de voir comme ça...

Le jeune chasseur mit pied à terre, tourna son cheval le flanc vers le bois, et, se mettant du côté opposé, il fit marcher l'animal en suivant une spirale qui se rapprochait de plus en plus du fourré. De cette manière, son corps était caché, et sa tête seule pouvait être aperçue derrière le pommeau de la selle, sur laquelle était appuyé son fusil armé et en joue.

Plusieurs autres, voyant faire Garey, descendirent de cheval et suivirent son exemple.

Le silence se fit de plus en plus profond, à mesure que le diamètre de leur course se resserrait.

En peu de temps, ils furent tout près de

l'îlot. Pas une flèche n'avait sifflé encore. N'y avait-il donc personne là? On aurait pu le croire, et les hommes pénétrèrent hardiment dans le fourré.

J'observais tout cela avec un intérêt palpitant. Je commençais à espérer que les buissons étaient vides. Je prêtais l'oreille à tous les sons; j'entendis le craquement des branches et les murmures des hommes. Il y eut un moment de silence, quand ils pénétrèrent plus avant.

Puis une exclamation soudaine, et une voix cria :

— Une peau rouge morte! Hourrah pour Barney!

— La balle de Barney l'a traversé, par tous les diables! — cria un autre, — Hilloa! vieux bleu de ciel! Viens ici voir ce que tu as fait!

Les autres chasseurs et le ci-devant soldat se dirigèrent vers le couvert. Je m'avançai lentement après eux. En arrivant, je les vis traînant le corps d'un Indien hors du petit bois : un sauvage nu comme l'autre. Il était mort, et on se préparait à le scalper.

— Allons, Barney? — dit un des hommes d'un ton plaisant, — la chevelure est à toi. Pourquoi ne la prends-tu pas, gaillard?

— Elle est à moi, dites-vous? — demanda Barney, s'adressant à celui qui venait de parler, et avec un fort accent irlandais.

— Certainement; tu as tué l'homme; c'est ton droit.

— Est-ce que ça vaut vraiment cinquante dollars?

— Ça se paie comme du froment.

— Auriez-vous la complaisance de l'enlever pour moi?

— Oh! certainement, avec beaucoup

de plaisir, — reprit le chasseur, imitant l'accent de Barney, séparant en même temps le scalp et le lui présentant.

Barney prit le hideux trophée, et je parierais qu'il n'en ressentit pas beaucoup de fierté. Pauvre Celte! Il pouvait bien s'être rendu coupable de plus d'un accroc à la discipline, dans sa vie de garnison, mais évidemment c'était son premier pas dans le commerce du sang humain.

Les chasseurs descendirent tous de cheval et se mirent à fouiller le fourré dans tous les sens. La recherche fut très minutieuse, car il y avait encore un mystère. Un arc de plus, c'est-à-dire un troisième arc, avait été trouvé avec son carquois et ses flèches. Où était le propriétaire? S'était-il échappé du fourré pendant que les hommes étaient occupés auprès des buffalos morts? C'était peu probable, mais ce n'était pas impossible. Les chasseurs connaissaient l'agilité extrême des sauvages, et nul n'osait affirmer que celui-ci n'eût pas gagné la forêt, inaperçu.

— Si cet Indien s'est échappé,—dit Garey,—nous n'avons pas même le temps d'écorcher ces buffles. Il y a pour sûr une troupe de sa tribu à moins de vingt milles d'ici.

— Cherchez au pied des saules, — cria la voix du chef, — tout près de l'eau.

Il y avait là une mare. L'eau en était troublée et les bords avaient été trépignés par les buffalos. D'un côté, elle était profonde, et les saules penchés laissaient pendre leurs branches jusque sur la surface de l'eau. Plusieurs hommes se dirigèrent de ce côté et sondèrent le fourré avec leurs lances et le canon de leurs fusils.

Le vieux Rubé était venu avec les autres, et ôtait le bouchon de sa corne à poudre avec ses dents, se disposant à recharger. Son petit œil noir lançait des flammes dans toutes les directions, devant, autour de lui et jusque dans l'eau.

Une pensée subite lui traversa le cerveau. Il repoussa le bouchon de sa corne, prit l'Irlandais qui était le plus près de lui par le bras, et lui glissa dans l'oreille d'un ton pressant : — Paddy ! Barney ! donnez-moi votre fusil, vite, mon ami, vite!

Sur cette invitation pressante, Barney lui passa immédiatement son arme, et prit le fusil vide que le trappeur lui tendait.

Rubé saisit vivement le mousquet, et se tint un moment comme s'il allait tirer sur quelque objet du côté de la mare. Tout à coup, il fit un demi-tour sans bouger les pieds de place, et, dirigeant le canon de son fusil en l'air, il tira au milieu du feuillage.

Un cri aigu suivit le coup; un corps pesant dégringola à travers les branches qui rompaient, et tomba sur le sol à mes pieds. Je sentis sur mes yeux des gouttes chaudes qui m'occasionnaient un frémissement : c'était du sang ! J'en étais aveuglé. J'entendis les hommes accourir de tous les points du fourré. Quand j'eus recouvré la vue, j'aperçus un sauvage nu qui disparaissait à travers le feuillage.

— Manqué, s..... mille tonnerres ! — cria le trappeur.

— Au diable soit le fusil de mun it içn

ajouta-t-il, jetant à terre le mousquet et s'élançant le couteau à la main.

Je suivis comme les autres. Plusieurs coups de feu partirent du milieu des buissons.

Quand nous atteignîmes le bord de l'îlot, je vis l'Indien, toujours debout, et courant avec l'agilité d'une antilope. Il ne suivait pas une ligne droite, mais sautait de côté et d'autre, en zigzag, de manière à ne pouvoir être visé par ceux qui le poursuivaient. Aucune balle ne l'avait encore atteint, assez grièvement du moins, pour ralentir sa course. On pouvait voir une traînée de sang sur son corps brun;

mais la blessure, quelle qu'elle fût, ne semblait pas le gêner dans sa fuite.

Pensant qu'il n'avait aucune chance de s'échapper, je n'avais pas l'intention de décharger mon fusil dans cette circonstance. Je demeurai donc près du buisson, caché derrière les feuilles, et suivant les péripéties de la chasse.

Quelques chasseurs continuaient à le poursuivre à pied, tandis que les plus avisés couraient à leurs chevaux. Ceux-ci se trouvaient tous du côté opposé du petit bois, un seul excepté, la jument du trappeur Rubé, qui broutait à la place où Rubé avait mis pied à terre, au milieu des buffalos morts, précisément dans la direction de l'homme que l'on poursuivait.

Le sauvage, en s'approchant d'elle, parut être saisi d'une idée soudaine, et déviant légèrement de sa course, il arracha le piquet, ramassa le lasso avec toute la dextérité d'un Gaucho, et sauta sur le dos de la bête.

C'était une idée fort ingénieuse, mais elle tourna bien mal pour l'Indien. A peine était-il en selle qu'un cri particulier se fit entendre, dominant tous les autres bruits; c'était un appel poussé par le trappeur essorillé. La vieille jument reconnut ce signal, et, au lieu de courir dans la direction imprimée par son cavalier, elle fit demi-tour immédiatement et revint en arrière au galop. A ce moment, une balle tirée sur le sauvage écorcha la hanche du mustang qui, baissant les oreilles, commença à se cabrer et à ruer avec une telle violence que ses quatre pieds semblaient détachés du sol en même temps.

L'Indien cherchait à se jeter en bas de la selle ; mais le mouvement de l'avant à l'arrière lui imprimait des secousses terribles. Enfin, il fut désarçonné et tomba par terre sur le dos. Avant qu'il eût pu se remettre du coup, un Mexicain était arrivé au galop, et avec sa longue lance l'avait cloué sur le sol.

Un scène de jurements, dans laquelle Rubé jouait le principal rôle, suivit cet incident. Sa colère était doublement motivée. Les *fusils de munition* furent voués à tous les diables, et comme le vieux trappeur était inquiet de la blessure reçue par sa jument, les *fichues ganaches à l'œil de travers* reçurent une large part de ses anathèmes. Le mustang cependant n'avait pas essuyé de dommage sérieux, et, quand Rubé eut vérifié le fait, le bouillonnement sonore de sa colère s'apaisa dans un sourd grognement et finit par cesser tout à fait.

Aucun symptôme ne donnait à croire qu'il y eût encore d'autres sauvages dans les environs, les chasseurs s'occupèrent immédiatement de satisfaire leur faim. Les feux furent allumés, et un plantureux repas de viande de buffalo permit à tout le monde de se refaire.

Après le repas, on tint conseil.

Il fut convenu qu'on se dirigerait vers la vieille Mission que l'on savait être à dix milles tout au plus de distance. Là, nous pourrions tenir facilement en cas d'attaque de la part de la tribu des Coyoteros, à laquelle les trois sauvages tués appartenaient. Au dire de presque tous, nous devions nous attendre à être suivis par cette tribu, et à l'avoir sur notre dos avant que nous eussions pu quitter les ruines.

Les buffalos furent lestement dépouillés, la chair empaquetée, et, prenant notre course à l'ouest, nous nous dirigeâmes vers la Mission.

CHAPITRE XXXII

Une amère déception.

Nous arrivâmes aux ruines un peu après le coucher du soleil. Les hiboux et les loups effarouchés nous cédèrent la place, et nous installâmes notre camp au milieu des murs croulants. Nos chevaux furent attachés sur les pelouses désertes, et dans les vergers depuis longtemps abandonnés, où les fruits mûrs jonchaient la terre en tas épais. Les feux, bientôt allumés, illuminèrent de leurs reflets brillants les piliers gris; une partie de la viande fut dépaquetée et cuite pour le souper.

Il y avait là de l'eau en abondance. Une branche du San-Pedro coulait au pied des murs de la Mission. Il y avait, dans les jardins, des yams, du raisin, des pommes de Grenade, des coings, des melons, des poires, des pêches et des pommes; nous eûmes de quoi faire un excellent repas.

Après le dîner, qui fut bref, les sentinelles furent placées à tous les chemins qui conduisaient vers les ruines. Les hommes étaient affaiblis et fatigués par le long jeûne qui avait précédé cette réfection, et au bout de peu de temps ils se couchèrent la tête reposant sur leurs selles et s'endormirent.

Ainsi se passa notre première nuit à la Mission de San-Pedro.

Nous devions y séjourner trois jours, ou tout au moins attendre que la chair de buffalo fut séchée et bonne à empaqueter.

. . . .

Ce furent des jours pénibles pour moi. L'oisiveté développait les mauvais instincts de mes associés à demi-sauvages. Des plaisanteries obscènes et des jurements affreux résonnaient continuellement à mes oreilles; je n'y échappais qu'en allant courir les bois avec le vieux botaniste, qui passa tout ce temps au milieu des joies vives et pures que procurent les découvertes scientifiques.

Le Maricopa était aussi pour moi un agréable compagnon. Cet homme étrange avait fait d'excellentes études, et connaissait à peu près tous les auteurs de quelque renom. Il se tenait sur une très grande réserve toutes les fois que j'essayais de le faire parler de lui.

Seguin, pendant ces trois jours, demeura taciturne et solitaire, s'occupant très peu de ce qui se passait autour de lui. Il semblait dévoré d'impatience, et, à chaque instant, allait visiter le *tasajo*. Il passait des heures entières sur les hauteurs voisines, et tenait ses regards fixés du côtés de l'est. C'était le point d'où devaient revenir les hommes que nous avions laissés en observation au Pinon.

Une *azotea* dominait les ruines. J'avais l'habitude de m'y rendre chaque après-midi, quand le soleil avait perdu de son ardeur. De cette place on jouissait d'une belle vue de la vallée; mais son principal attrait pour moi résidait dans l'isolement que je pouvais m'y procurer. Les chasseurs montaient rarement là ; leurs propos sauvages et silencieux n'arrivaient pas à cette hauteur.

J'avais coutume d'étendre ma couverture près des parapets à demi écroulés, de m'y coucher, et de me livrer, dans cette position, à de douces pensées rétrospectives, ou à des rêves d'avenir plus doux encore. Un seul objet brillait dans ma mémoire ; un seul objet occupait mes espérances. Je n'ai pas besoin de le dire, à ceux du moins qui ont véritablement aimé.

. . . .

Je suis à ma place favorite, sur l'*azotea*. Il est nuit ; mais on s'en douterait à peine.

Une pleine lune d'automne est au zénith, et se détache sur les profondeurs bleues d'un ciel sans nuages. Dans mon pays lointain, ce serait la lune des moissons. Ici elle n'éclaire ni les moissons ni le logis du moissonneur; mais cette saison, belle dans tous les climats, n'est pas moins charmante dans ces lieux sauvages et romantiques. La Mission est assise sur un plateau des Andes septentrionales, à plusieurs milliers de pieds au-dessus du niveau de la mer. L'air est vif et sec. On reconnaît son peu de densité à la netteté des objets qui frappent la vue, à l'aspect des montagnes que l'on croirait voisines, bien que leur éloignement soit considérable, à la fermeté des contours qui se détachent sur le ciel. Je m'en aperçois encore au peu d'élévation de la température, à l'ardeur de mon sang, au jeu facile de mes poumons. Ah! c'est un pays favorable pour les personnes frappées d'étisie et de langueur. Si l'on savait cela dans les contrées populeuses!

L'air, dégagé de vapeurs, est inondé par la lumière pâle de la lune. Mon œil se repose sur des objets curieux, sur des formes de végétation particulières au sol de cette contrée. Leur nouveauté m'intéresse. A la blanche lueur, je vois les feuilles lancéolées de l'yucca, les grandes colonnes du pitahaya et le feuillage dentelé du cactus cochinéal.

Des sons flottent dans l'espace ; ce sont

les bruits du camp, des hommes et des animaux ; mais, Dieu merci ! je n'entends qu'un bourdonnement lointain. Une autre voix plus agréable frappe mon oreille ; c'est le chant de l'oiseau moqueur, le rossignol du monde occidental. Il pousse ses notes imitatives du sommet d'un arbre voisin, et remplit l'air d'une douce mélodie.

La lune plane par-dessus tout ; je la suis dans sa course élevée. Elle semble présider aux pensées qui m'occupent, à mon amour ! Que de fois les poètes ont chanté son pouvoir sur cette douce passion ! Chez eux l'imagination seule parlait : c'était une affaire de style ; mais dans tous les temps et dans tous les pays, ce fut et c'est une croyance.

D'où vient cette croyance? d'où vient la croyance en Dieu? car ces sentiments ont la même source. Cette foi instinctive, si généralement répandue, reposerait-elle sur une erreur? Se pourrait-il que notre esprit ne fût, après tout, que matière, fluide électrique? Mais, en admettant cela, pourquoi ne serait-il pas influencé par la lune? Pourquoi n'aurait-il pas ses marées, son flux et son reflux aussi bien que les plaines de l'air et celles de l'Océan?

Couché sur ma couverture et m'abreuvant des rayons de la lune, je m'abandonne à une suite de rêveries sentimentales et philosophiques. J'évoque le souvenir des scènes qui ont dû se passer dans les ruines qui m'environnent; les faits et les méfaits des pères capucins entourés de leurs serfs chaussés de sandales. Ce retour au passé n'occupe pas longtemps mon esprit. Je traverse rapidement des âges reculés, et ma pensée se reporte sur l'être charmant que j'aime et que j'ai récemment quitté : Zoé, ma charmante Zoé !

A elle je pensai longtemps. Pensait-elle à moi dans ce moment? Souffrait-elle de mon absence? Aspirait-elle après mon retour? Ses yeux se remplissaient-ils de larmes quand elle regardait du haut de la terrasse solitaire?

Mon cœur répondait : oui ! battant d'orgueil et de bonheur.

Les scènes horribles que j'affrontais pour son salut devaient-elles se terminer bientôt? De longs jours nous séparaient encore, sans doute. J'aime les aventures; elles ont fait le charme de toute ma vie. Mais ce qui se passait autour de moi!... Je n'avais pas encore commis de crime; mais j'avais assisté passif à des crimes, dominé par la nécessité de la situation que je m'étais faite. Ne serais-je pas bientôt entraîné moi-même à tremper dans quelque horrible drame du genre de ceux qui constituaient la vie habituelle des hommes dont j'étais entouré.

Dans le programme que Seguin m'avait développé, je n'avais pas compris les cruautés inutiles dont j'étais forcé d'être le témoin. Il n'était plus temps de reculer; il fallait aller en avant, et traverser encore d'autres scènes de sang et de brutalité, jusqu'à l'heure où il me serait donné de revoir ma fiancée, et de recevoir comme prix de mes épreuves l'adorable Zoé.

. . . .

Ma rêverie fut interrompue. J'entendis des voix et des pas ; on s'approchait de la place où j'étais couché. J'aperçus deux hommes engagés dans une conversation animée. Ils ne me voyaient pas, caché que j'étais derrière quelques fragments de parapet brisé, et dans l'ombre. Quand ils furent plus près, je reconnus le patois de mon serviteur canadien, et l'on ne pouvait pas se tromper à celui de son compagnon. C'était l'accent de Barney, sans aucun doute.

Ces dignes garçons, ainsi que je l'ai déjà dit, s'étaient liés comme deux larrons en foire, et ne se quittaient plus. Quelques actes de complaisance avaient attaché le fantassin à son associé, plus fin et plus expérimenté; — ce dernier avait pris l'autre sous son patronage et sous sa protection.

Je fus contrarié de ce dérangement, mais la curiosité me fit rester immobile et silencieux.

Barney parlait au moment où je commençai à les entendre.

— En vérité, monsieur Gaoudé, je ne donnerais pas cette nuit délicieuse pour tout l'or du monde. J'avais remarqué le petit bocal déjà; mais que le diable m'étrangle si j'avais cru que c'était autre chose que de l'eau claire. Voyez-vous ça! Aurait-on pensé que ce vieux loustic d'Allemand en apporterait un plein bocal et garderait comme ça tout pour lui! Vous êtes bien sûr que ç'en est?

— Oui! oui! c'est de la bonne liqueur, de l'*aguardiente*.

— *Agouardenty*, vous dites?

— Oui, vraiment, M. Barney. Je l'ai flairée plus d'une fois. Ça sent très fort; c'est fort, c'est bon!

— Mais pourquoi ne l'avez-vous pas pris vous-même? Vous saviez bien où le docteur fourrait ça, et vous auriez pu l'attraper bien plus facilement que moi.

— Pourquoi, Barney? — Parce que, mon ami, je ne veux pas me mettre mal avec M. le docteur. Il pourrait me soupçonner.

— Je ne vois pas clairement la chose. Il peut vous soupçonner dans tous les cas. Eh bien alors?

— Oh! alors, n'importe! je jurerai mes grands dieux que ce n'est pas moi. J'aurai la conscience tranquille.

— Par le ciel! nous pouvons prendre la liqueur à présent. Voulez-vous, monsieur Gaoudé; pour moi je ne demande pas mieux : c'est dit, n'est-ce pas?

— Oui, très bien !

— Pour lors, à présent ou jamais; c'est le bon moment. Le vieux bonhomme est sorti; je l'ai vu partir moi-même. La place est bonne ici pour boire. Venez et montrez-moi où il la cache; et, par saint Patrick, je suis votre homme pour l'attrapper !

— Très bien; allons! monsieur Barney, allons!

Quelque obscure que cette conversation puisse paraître, je la compris parfaitement. Le naturaliste avait apporté parmi ses bagages un petit bocal d'*aguardiente*, de l'alcool de Mezcal, dans le but de conserver quelques échantillons rares de la famille des serpents ou des lézards, s'il avait la chance d'en rencontrer. Je compris donc qu'il ne s'agissait de rien moins que d'un complot ayant pour but de s'emparer de ce bocal et de vider son contenu.

Mon premier mouvement fut de me lever pour mettre obstacle à leur dessein, et, de plus, administrer un savon salutaire à mon voyageur ainsi qu'à son compagnon à cheveux rouges; mais, après un moment de réflexion, je pensai qu'il valait mieux s'y prendre d'une autre façon et les laisser se punir eux-mêmes.

Je me rappelais que, quelques jours avant notre arrivée à l'*Ojo de Vaca*, le docteur avait pris un serpent du genre des vipères, deux ou trois sortes de lézards, et une hideuse bête baptisée par les chasseurs du nom de *grenouille à cornes*. Il les avait plongés dans l'alcool pour les conserver. Je l'avais vu faire, et ni mon Français ni l'Irlandais ne se doutaient de cela. Je résolus donc de les laisser boire une bonne gorgée de l'infusion avant d'intervenir.

Je n'attendis pas longtemps. Au bout de peu d'instants, ils remontèrent, et Barney était chargé du précieux bocal.

Ils s'assirent tout près de l'endroit où j'étais couché, puis, débouchant le flacon, ils remplirent leurs tasses d'étain et commencèrent à goûter. On n'aurait pas trouvé ailleurs une paire de gaillards plus altérés; et d'une seule gorgée, chacun d'eux eut vidé sa tasse jusqu'au fond.

— Un drôle de goût, ne trouvez-vous

pas? — dit Barney après avoir détaché la tasse de ses lèvres.

— Oui, c'est vrai, monsieur.

— Que pensez-vous que ce soit?

— Je ne sais quoi. Ça sent le... dam! le... dam!...

— Le poisson, vous voulez dire?

— Oui, ça sent comme le poisson : un drôle de bouquet, fichtre!

— Je suppose que les Mexicains mettent quelque chose là-dedans pour donner du goût à l'*aguardiente*. C'est diablement fort tout de même. Ça ne vaut pas grand'chose, et on n'en ferait pas grand cas, si on avait à sa portée de la bonne liqueur d'Irlande. Oh! mère de Moïse! c'est là une fameuse boisson!

Et l'Irlandais secouait la tête, ajoutant ainsi à l'emphase de son admiration pour le whisky de son pays.

— Mais, monsieur Gaoudé, — continua-t-il, — le whisky est le whisky, sans aucun doute; mais si nous ne pouvons avoir de la brioche, ce n'est pas une raison pour dédaigner le pain; ainsi donc,

je vous en demanderai encore un coup.—
Le gaillard tendit sa tasse pour qu'on la remplît de nouveau.

Godé pencha le flacon, et versa une partie de son contenu dans les deux tasses.

— Mon Dieu! qu'est-ce qu'il y a dans ma tasse? — s'écria-t-il après avoir bu une gorgée.

— Qu'est-ce que c'est? laissez voir. Ça! sur mon âme, on dirait d'une bête.

— Sacr-r-r... c'est une vilaine bête du Texas, c'est une grenouille! C'est donc ça que ça empoisonnait le poisson. Oh! o-ouach!

— Oh! sainte-mère! il y en a un autre dans la mienne! Par le diable! c'est un scorpion! un lézard! Houch! ouach! ouach!

— Vou-achr! ha-a-ach! Mon Dieu! ouachr! achr! sacr...! oachr! ach! o-oa-a-achr!

— Sacré tonnerre! Ho-ach! le vieux satané docteur! A-ouach!

— Ack! ackr! Vierge sainte! ha! ho! hoh-achr! Poison! poison!

Et les deux ivrognes marchèrent avec agitation sur l'azotéa, se débarrassant l'estomac, crachant tant qu'ils pouvaient, remplis de terreur, et pensant qu'ils devaient être empoisonnés.

Je m'étais relevé et riais comme un fou. Mes éclats de rire et les exclamations des deux victimes attirèrent une foule de chasseurs sur la terrasse, et quand ils eurent vu de quoi il s'agissait, les ruines retentirent du fracas de leurs moqueries sauvages.

Le docteur, qui était arrivé avec les autres, goûtait peu la plaisanterie. Cependant, après une courte recherche, il retrouva ses lézards et les remit dans le bocal, qui contenait encore assez d'alcool pour les recouvrir. Il pouvait être tranquille sur l'avenir : son flacon était à l'abri des tentatives des chasseurs les plus altérés.

CHAPITRE XXXIII

La ville-fantôme.

Le matin du quatrième jour, les hommes que nous avions laissés en observation rejoignirent, et nous apprîmes d'eux que les Navajoès avaient pris la route du sud.

Les Indiens, revenus à la source le second jour après notre départ, avaient suivi la direction indiquée par les flèches. C'était la bande de Dacoma ; en tout à peu près trois cents guerriers.

Nous n'avions rien de mieux à faire que de plier bagage le plus promptement possible et de poursuivre notre marche vers le nord. Une heure après nous étions en selle et suivions la rive rocheuse du San-Pedro.

Une longue journée de marche nous conduisit aux bords désolés du Gila ; et nous campâmes, pour la nuit, près du fleuve, au milieu des ruines célèbres qui marquent la seconde halte des Aztèques lors de leur migration.

A l'exception du botaniste, du chef Coco, de moi, et peut-être de Seguin, pas un de la bande ne semblait s'inquiéter de ses intéressantes antiquités. Les traces de l'ours gris, que l'on voyait sur la terre molle, occupaient bien plus les chasseurs que les poteries brisées et leurs peintures hiéroglyphiques. Deux de ces animaux furent découverts près du camp, et un terrible combat s'ensuivit, dans lequel un des Mexicains faillit perdre la vie, et n'échappa qu'après avoir eu la tête et le cou en partie dépouillés. Les ours furent tués et servirent à notre souper.

Le jour suivant, nous remontâmes le Gila jusqu'à l'embouchure de San-Carlos, où nous fîmes halte pour la nuit. Le San-Carlos vient du nord et Seguin avait résolu de remonter le cours de cette rivière pendant une centaine de milles, et, ensuite, de traverser à l'est vers le pays des Navajoès.

Quand il eut fait connaître sa décision, un esprit de révolte se manifesta parmi les hommes, et des murmures de mécontentement grondèrent de tous côtés.

Peu d'instants après, cependant, plusieurs étant descendus et s'étant avancés dans l'eau, à quelque distance du bord, ramassèrent quelques grains d'or dans le lit de la rivière. On aperçut aussi, parmi les rochers, comme indice du précieux métal, la *quixa*, que les Mexicains désignent sous le nom de *mère de l'or*. Il y avait des mineurs dans la troupe, qui connaissaient très bien cela, et cette découverte sembla les satisfaire. On ne parla plus davantage de gagner le Prieto. Peut-être le San-Carlos se trouverait-il aussi riche. Cette rivière avait, comme l'autre, la réputation d'être aurifère. En tout cas l'expédition, en se dirigeant vers l'est, devait traverser le Prieto dans la partie élevée de son cours, et cette perspective eut pour effet d'apaiser les mutins, du moins pour l'instant.

Une autre considération encore contribuait à les calmer : le caractère de Seguin. Il n'y avait pas un individu de la bande qui se souciât de le contrarier en la moindre des choses. Tous le connaissaient trop bien pour cela ; et ces hommes, qui faisaient généralement bon marché de leur vie quand ils se croyaient dans le droit consacré par la loi de la montagne, savaient bien que retarder l'expédition dans le but de chercher de l'or n'était ni conforme à leur contrat avec lui, ni d'accord avec ses désirs. Plus d'un dans la troupe, d'ailleurs, était vivement attiré vers les villes des Navajoès par des motifs semblables à ceux qui animaient Seguin.

Enfin, dernier argument qui n'échappait

pas à la majorité: la bande de Dacoma devait se mettre à notre poursuite aussitôt qu'elle aurait rejoint les Apaches. Nous n'avions donc pas de temps à perdre à la recherche de l'or, et le plus simple chasseur de scalps comprenait bien cela.

Au point du jour, nous étions de nouveau en route, et nous suivions la rive du San-Carlos.

Nous avions pénétré dans le grand désert qui s'étend au nord depuis le Gila jusqu'aux sources du Colorado. Nous y étions entrés sans guide, car pas un de la troupe n'avait jamais traversé ces régions inconnues. Rubé lui-même ne connaissait nullement cette partie du pays. Nous n'avions pas de boussole, mais nous pouvions nous en passer. Presque tous nous étions capables d'indiquer la direction du nord sans nous tromper d'un degré, et nous savions reconnaître l'heure exacte, à 10 minutes près, soit de nuit, soit de jour, à la simple inspection du firmament.

Avec un ciel clair, avec les indications des arbres et des rochers, nous n'avions besoin ni de boussole ni de chronomètre. Une vie passée sous la voûte étoilée, dans ces prairies élevées et dans ces gorges de montagnes, où rarement un toit leur dérobait la vue de l'azur des cieux, avait fait de tous ces rôdeurs insouciants autant d'astronomes.

Leur éducation, sous ce rapport, était accomplie, et elle reposait sur une expérience acquise à travers bien des périls. Leur connaissance de ces sortes de choses me paraissait tout à fait instinctive.

Nous avions encore un guide aussi sûr que l'aiguille aimantée ; nous traversions les régions de la *plante polaire*, et à chaque pas la direction des feuilles de cette plante nous indiquait notre méridien. Notre route en était semée, et nos chevaux les écrasaient en marchant.

Pendant plusieurs jours nous avançâmes vers le nord à travers un pays de montagnes étranges, dont les sommets, de formes fantastiques et bizarrement groupés, s'élevaient jusqu'au ciel.

Là nous apercevions des formes hémisphériques comme des dômes d'église; ici, des tours gothiques se dressaient devant nous; ailleurs, c'étaient des aiguilles gigantesques dont la pointe semblait percer la voûte bleue. Des rochers, semblables à des colonnes, en supportaient d'autres posés horizontalement; d'immenses voûtes taillées dans le roc semblaient des ruines antédiluviennes, des temples de druides d'une race de géants!

Ces formes si singulières étaient encore rehaussées par les plus brillantes couleurs.

Les roches stratifiées étaient tour à tour le rouge, le blanc, le vert, le jaune, et les tons étaient aussi vifs que s'ils eussent été tout fraîchement tirés de la palette d'un peintre.

Aucune fumée ne les avait ternis depuis qu'ils avaient émergé de leurs couches souterraines. Aucun nuage ne voilait la netteté de leurs contours. Ce n'était point un pays de nuages, et tout le temps que nous le traversâmes, nous n'aperçûmes pas une tache au ciel; rien au-dessus de nous que l'éther bleu et sans limites.

Je me rappelai les observations de Seguin.

Il y avait quelque chose d'imposant dans la vue de ces éblouissantes montagnes; quelque chose de vivant qui nous empêchait de remarquer l'aspect désolé de tout ce qui nous entourait. Par moment, nous ne pouvions nous empêcher de croire que nous nous trouvions dans un pays très peuplé, très riche et très avancé, si on en jugeait par la grandeur de son architecture. En réalité, nous traversions la partie la plus sauvage du globe, une terre qu'aucun pied humain n'avait jamais foulée, sinon le pied chaussé du mocassin: la région de l'Apachè-Loup et du misérable Yamparico.

Nous suivions les bords de la rivière;

çà et là, pendant nos haltes, nous cherchions de l'or. Nous n'en trouvions que de très petites quantités, et les chasseurs commençaient à parler tout haut du Prieto. Là, prétendaient-ils, l'or se trouvait en lingots.

Quatre jours après avoir quitté le Gila, nous arrivâmes à un endroit où le San-Carlos se frayait un canon à travers une haute sierra. Nous y fîmes halte pour la nuit. Le lendemain matin, nous découvrîmes qu'il nous serait impossible de suivre plus longtemps le cours de la rivière sans escalader la montagne. Seguin annonça son intention de la quitter et de se diriger vers l'est. Les chasseurs accueillirent cette déclaration par de joyeux hourrahs. La vision de l'or brillait de nouveau à leurs yeux.

Nous attendîmes au bord du San-Carlos que la grande chaleur du jour fût passée, afin que nos chevaux pussent se rafraîchir à discrétion. Puis, nous remettant en selle, nous coupâmes à travers la plaine. Nous avions l'intention de voyager toute la nuit, ou du moins jusqu'à ce que nous trouvassions de l'eau, car une halte sans eau ne pouvait nous procurer aucun repos.

Avant que nous eussions marché longtemps, nous nous trouvâmes en face d'une terrible *jornada*, un de ces déserts redoutés, sans herbe, sans arbre, sans eau. Devant nous, s'étendait du nord au sud une rangée inférieure de montagnes, puis au dessus une autre chaîne plus élevée, et couronnée de sommets neigeux. On voyait facilement que ces deux chaînes étaient distinctes, et la plus éloignée devait être d'une prodigieuse élévation. Cela nous était révélé par les neiges éternelles dont ses pics étaient couverts.

Une rivière, peut-être celle-là même que nous cherchions, devait nécessairement se trouver au pied des montagnes neigeuses. Mais la distance était immense. Si nous ne trouvions pas un cours d'eau en avant des premières montagnes, nous étions grandement exposés à périr de soif. Telle était notre perspective.

Nous marchions sur un sol aride, à travers des plaines de lave et de roches aiguës qui blessaient les pieds de nos chevaux, et, parfois, les coupaient.

Il n'y avait autour de nous d'autre végétation que l'artémise au vert maladif, et le feuillage fétide de la créosote. Aucun être vivant ne se montrait à l'exception du hideux lézard, du serpent à sonnettes, et des grillons du désert, qui rampaient sur le sol dur, par myriades, et que nos chevaux écrasaient sous leurs pieds. « *De* l'eau!* » tel était le cri qui commençait à être proféré dans toutes les langues. — *Water!* criait le trappeur suffoquant. — De l'eau! — criait le Canadien. — *Agua! agua!* — criait le Mexicain.

À moins de vingt milles du San Carlos, nos gourdes étaient aussi sèches que le rocher. La poussière de la plaine et la chaleur de l'atmosphère avaient provoqué chez nous une soif intense, et nous avions tout épuisé.

Nous étions partis assez tard dans l'après-midi. Au soleil couchant, les montagnes en face de nous semblaient toujours être à la même distance. Nous voyageâmes toute la nuit, et, quand le soleil se leva, nous en étions encore très éloignés. Cette illusion se produit toujours dans l'atmosphère transparente de ces régions élevées.

Les hommes mâchonnaient tout en causant. Ils tenaient dans leur bouche de petites balles, ou des cailloux d'obsidienne, qu'ils mordaient avec des efforts désespérés.

Quand nous atteignîmes les premières montagnes, le soleil était déjà haut sur l'horizon. A notre grande consternation, nous n'y trouvâmes pas une goutte d'eau!

La chaîne présentait un front de roches sèches, tellement serrées et stériles, que les buissons de créosote eux-mêmes ne trouvaient pas de quoi s'y nourrir. Ces roches étaient aussi dépourvues de végétation que le jour où elles étaient sorties de la terre à l'état de lave.

Des détachements se répandirent dans toutes les directions et grimpèrent dans les ravins ; mais après avoir perdu beaucoup de temps en recherches infructueuses, nous renonçâmes, désespérés.

Il y avait un passage qui paraissait traverser la chaîne. Nous y entrâmes et marchâmes en avant silencieux et agités de sinistres pensées.

Peu après nous débouchions de l'autre côté, et une scène d'un singulier caractère frappait nos yeux.

Devant nous une plaine entourée de tous côtés par de hautes montagnes; à l'extrémité opposée, les monts neigeux prenaient naissance, et montraient leurs énormes rochers s'élevant verticalement à plus de mille pieds de hauteurs. Les roches noires apparaissaient amoncelées les unes sur les autres, jusqu'à la limite des neiges immaculées dont les sommets étaient recouverts.

Mais ce qui causait notre principal étonnement, c'était la surface de la plaine. Elle était aussi couverte d'un manteau d'une éclatante blancheur; cependant la place plus élevée que nous occupions était parfaitement nue, et nous y ressentions vivement la chaleur du soleil. Ce que nous voyions dans la vallée ne pouvait donc pas être de la neige.

L'uniformité de la vallée, les montagnes chaotiques, dont elle était environnée, m'impressionnaient vivement par leur aspect froid et désolé. Il semblait que tout fût mort autour de nous et que la nature fût enveloppée dans son linceul. Mes compagnons paraissaient éprouver la même sensation que moi, et tout le monde se taisait. Nous descendîmes la pente du défilé qui conduisait dans cette singulière vallée.

En vain nos yeux interrogeaient l'espace : aucune apparence d'eau devant nous. Mais nous n'avions pas le choix : il fallait traverser. A l'extrémité la plus éloignée, au pied des montagnes neigeuses, nous crûmes distinguer une ligne noire, comme celle d'une rangée d'arbre, et nous nous dirigeâmes vers ce point.

En arrivant sur la plaine nous trouvâmes le sol couvert d'une couche épaisse de soude, blanche comme de la neige. Il y en avait assez là pour satisfaire aux besoins de toute la race humaine ; mais, depuis sa formation, nulle main ne s'était encore baissée pour la ramasser.

Trois ou quatre massifs de rocher se trouvaient sur notre route, près de l'endroit où le défilé débouchait dans la vallée. Pendant que nous les contournions, nos yeux tombèrent sur une large ouverture pratiquée dans les montagnes qui étaient en face de nous. A travers cette ouverture, les rayons du soleil brillaient et coupaient en écharpe le paysage d'une traînée de lumière jaune. Dans cette lumière, se jouaient par myriades les légers cristaux de la soude soulevés par la brise.

Pendant que nous descendions, je remarquai que les objets prenaient autour de nous un aspect tout différent de celui qu'ils nous avaient présenté d'en haut. Comme par enchantement, la blanche surface disparaissait et faisait place à des champs de verdure au milieu desquels s'élançaient de grands arbres couverts d'un épais et vert feuillage.

— Des cotonniers ! — s'écria un chasseur en regardant les bosquets encore éloignés.

— Ce sont d'énormes sapins, pardieu ! — s'écria un autre.

— Il y a de l'eau là, camarades, bien sûr! — fit remarquer un troisième.

— Oui, messieurs! il est impossible que de pareilles tiges croissent sur une prairie sèche. Regardez! Hilloa!

— De par tous les diables, voilà une maison là-bas!

— Une maison! une, deux, trois!..... Mais c'est tout une ville, ou bien il n'y a pas un seul mur. Tenez! Jim, regardez là-bas! Wagh!

Je marchais devant avec Seguin; le reste

de la bande atteignait la bouche du défilé, derrière nous. J'avais été absorbé pendant quelques instants dans la contemplation de la blanche efflorescence qui couvrait le sol et je prêtais l'oreille au craquement de ces incrustations sous le sabot de mon cheval. Ces exclamations me firent lever les yeux. Sous l'impression de ce que je vis, je tirai les deux rênes d'une seule secousse. Seguin avait fait comme moi, et toute la troupe s'était arrêtée en même temps.

Nous venions justement de tourner une des masses qui nous empêchaient de voir la grande ouverture, qui se trouvait alors précisément en face de nous ; et, près de sa base, du côté du sud, on voyait s'élever les murs et les édifices d'une cité ; d'une vaste cité, si l'on en jugeait par la distance et par l'aspect colossal de son architecture.

Les colonnes des temples, les grandes portes, les fenêtres, les balcons, les parapets, les escaliers tournants nous apparaissaient distinctement. Un grand nombre de tours s'élevaient très haut au-dessus des toits ; au milieu, un grand édifice ressemblant à un temple, et couronné d'un dôme massif, dominait toutes les autres constructions.

Je considérais cette apparition soudaine

avec un sentiment d'incrédulité. C'était un songe, une chimère, un mirage, peut-être...

Non, cependant, le mirage ne présente pas un tableau aussi net. Il y avait là des toits, des cheminées, des murs, des fenêtres. Il y avait des maisons fortifiées avec leurs créneaux réguliers et leur embrasures. Tout cela était réel : c'était une ville.

Était-ce donc là la *Cibolo* des pères espagnols? Était-ce la ville aux portes d'or et aux tours polies? Après tout, l'histoire racontée par les prêtres voyageurs ne pouvait-elle pas être vraie? Qui donc avait démontré que ce fût une fable? Qui avait jamais pénétré dans ces régions où les récits des prêtres plaçaient la ville dorée de Cibolo?

Je vis que Seguin était, autant que moi, surpris et embarrassé. Il ne connaissait rien de ce pays. Il avait vu souvent des mirages, mais pas un seul qui ressemblât à ce que nous avions sous les yeux.

Pendant quelque temps, nous demeurâmes immobiles sur nos selles, en proie à de singulières émotions. Pousserions-nous en avant? Sans doute. Il nous fallait arriver à l'eau. Nous mourions de soif. Aiguillonnés par ce besoin, nous partîmes à toute bride.

À peine avions-nous couru quelques pas, qu'un cri simultané fut poussé par tous les chasseurs. Quelque chose de nouveau, — quelque chose de terrible, — était devant nous. Près du pied de la montagne se montrait une ligne de formes sombres, en mouvement : c'étaient *des hommes à cheval* !

Nous arrêtâmes court nos chevaux ; notre troupe entière fit halte au même instant.

— Des Indiens ! — telle fut l'exclamation générale.

—Il faut que ce soient des Indiens—murmura Seguin :—Il n'y a pas d'autres créatures humaines par ici. Des Indiens ! mais non. Jamais il n'y eut d'Indiens semblables à cela. Voyez ! ce ne sont pas des hommes ! Regardez leurs chevaux monstrueux, leurs énormes fusils : *ce sont des géants !* — Par le ciel ! — continua-t-il après un moment d'arrêt, — ils sont sans corps, *ce sont des fantômes !*

Il y eut des exclamations de terreur parmi les chasseurs placés en arrière.

Étaient-ce là les habitants de la cité ? Il y avait une proportion parfaite entre la taille colossale des chevaux et celle des cavaliers.

Pendant un moment, la terreur m'envahit comme les autres; mais cela ne dura qu'un instant. Un souvenir soudain me vint à l'esprit; je me rappelai les montagnes du Hartz et ses démons. Je reconnus que le phénomène que nous avions devant nous devait être le même, une illusion d'optique, un effet de mirage.

Je levai la main au-dessus de ma tête. Le géant qui était devant les autres imita le mouvement.

Je piquai de l'éperon les flancs de mon

cheval et galopai en avant. Il fit de même, comme s'il fût venu à ma rencontre. Après quelques temps de galop, j'avais dépassé l'angle réflecteur, et l'ombre du géant disparut instantanément dans l'air.

La ville aussi avait disparu ; mais nous retrouvâmes les contours de plus d'une forme singulière dans les grandes roches stratifiées qui bordaient la vallée.

Nous ne fûmes pas longtemps sans perdre de vue, également, les bouquets d'arbres gigantesques. En revanche, nous vîmes distinctement au pied de la montagne, non loin de l'ouverture, une ceinture de saules verts et peu élevés, mais des saules réels. Sous leur feuillage, on voyait quelque chose qui brillait au soleil comme des paillettes d'argent, *c'était de l'eau!*

C'était un bras du Prieto.

Nos chevaux hennirent à cet aspect; un instant après, nous avions mis pied à terre sur le rivage, et nous étions tous agenouillés auprès du courant.

CHAPITRE XXXIV

La montagne d'or.

Après une marche si pénible, il était nécessaire de faire une halte plus longue que d'habitude. Nous restâmes près de l'arroyo tout le jour et toute la nuit suivante. Mais les chasseurs avaient hâte de boire les eaux du Prieto lui-même; le lendemain matin, nous levâmes le camp et prîmes notre direction vers cette rivière. A midi, nous étions sur ses bords.

C'était une singulière rivière, traversant une région de montagnes mornes, arides et désolées. Le courant s'était frayé son chemin à travers ces montagnes, y creusant plusieurs canons, et roulait ses flots dans un lit presque partout inaccessible. Elle paraissait noire et sombre. Où donc étaient les sables d'or?

Après avoir suivi ses bords pendant quelque temps, nous nous arrêtâmes à un endroit où l'on pouvait gagner la rive.

Les chasseurs, sans s'occuper d'autre chose, franchirent promptement les rochers et descendirent vers l'eau. C'est à peine s'ils prirent le temps de boire. Ils fouillèrent dans les interstices des rochers tombés des hauteurs; ils ramassèrent le sable avec leurs mains et se mirent à le laver dans leurs tasses; ils attaquèrent les roches quartzeuses à coups de tomahawk et en écrasèrent les fragments entre deux grosses pierres. Ils ne trouvèrent pas une parcelle d'or.

Ils avaient pris la rivière trop haut, ou bien l'Eldorado se trouvait encore plus au nord.

Harassés, baignés de sueur, furieux,

jurant et grognant, ils obéirent à l'ordre de marcher en avant.

Nous suivîmes le cours du fleuve et nous nous arrêtâmes, pour la nuit, à une autre place où l'eau était accessible pour nos animaux.

Là, les chasseurs cherchèrent encore de l'or, et n'en trouvèrent pas plus qu'auparavant. La contrée aurifère était au dessous, ils n'en doutaient plus. Le chef les avait conduits par le San-Carlos pour les en détourner, craignant que la recherche de l'or ne retardât la marche. Il n'avait nul souci de leurs intérêts. Il ne pensait qu'au but particulier qu'il voulait atteindre. Ils s'en retourneraient aussi pauvres qu'ils étaient venus, ça lui était bien égal. Jamais ils ne retrouveraient une occasion pareille.

Tels étaient les murmures entremêlés de jurements.

Seguin n'entendait rien, ou feignait de ne pas entendre. Il avait un de ces caractères qui savent tout supporter jusqu'à ce que le moment favorable pour agir se présente. Il était naturellement emporté, comme tous les créoles ; mais le temps et l'adversité avaient amené son caractère à un calme et à un sangfroid qui convenaient admirablement au chef d'une semblable troupe. Quand il se décidait à agir, il devenait comme on dit dans l'Ouest, *un homme dangereux ;* et les chasseurs de scalps savaient cela. Pour l'instant, il ne prenait pas garde à leurs murmures.

Longtemps avant le point du jour, nous nous étions remis en selle, et nous nous dirigions vers le haut Prieto. Nous avions remarqué des feux à une certaine distance pendant la nuit, et nous savions que c'étaient ceux des villages des Apachès. Notre intention était de traverser leur pays sans être aperçus ; et nous devions, quand le jour aurait paru, nous cacher parmi les rochers jusqu'à la nuit suivante.

Quand l'aube devint claire, nous fîmes halte dans une profonde ravine, et quelques-uns de nous grimpèrent sur la hauteur pour reconnaître. Nous vîmes la fumée s'élever au-dessus des villages, au loin; mais nous les avions dépassés pendant l'obscurité, et, au lieu de rester dans notre cachette, nous continuâmes notre route à travers une large plaine couverte de sauges et de cactus. De chaque côté les montagnes se dressaient, s'élevant rapidement à partir de la plaine, et affectant ces formes fantastiques qui caractérisent les pics de ces régions.

En haut des roches à pic, formant d'effrayants abîmes, on découvrait des plateaux mornes, arides, silencieux. La plaine arrivait jusqu'à la base même des rochers qui avaient dû nécessairement être baignés par les eaux autrefois. C'etait évidemment le lit d'un ancien océan. Je me rappelai la théorie de Seguin sur les mers intérieures.

Peu après le lever du soleil, la direction que nous suivions nous conduisit à une route indienne. Là nous traversâmes la rivière avec l'intention de nous en séparer et de marcher à l'est.

Nous arrêtâmes nos chevaux au milieu de l'eau et les laissâmes boire à discrétion.

Quelques-un des chasseurs qui s'étaient portés en avant avaient gravi le bord escarpé. Nous fûmes attirés par des exclamations d'une nature inaccoutumée. En levant les yeux, nous vîmes que plusieurs d'entre eux, sur le haut de la côte, montraient le nord avec des gestes très animés. Voyaient-ils les Indiens ?

— Qu'y a-t-il ? — cria Seguin, pendant que nous avancions.

— Une montagne d'or ; une montagne d'or ! — Telle fut la réponse.

Nous pressâmes nos chevaux vers le sommet. Au loin vers le nord, aussi loin que l'œil pouvait s'étendre, une masse brillante réfléchissait les rayons du soleil. C'était une montagne, et le long de ses flancs, de la base au sommet, la roche avait l'éclat et la couleur de l'or! La réverbération des rayons du soleil sur cette surface nous éblouissait. Était-ce donc une montagne d'or?

Les chasseurs étaient fous de bonheur! C'était la montagne dont il avait été si souvent question autour des feux des bivouacs. Lequel d'entre eux n'en avait pas entendu parler, qu'il y eût cru ou non? Ce n'était donc pas une fable. La montagne était là devant eux, dans toute son éclatante splendeur!

Je me retournai et regardai Seguin. Il se tenait les yeux baissés ; sa physionomie exprimait une vive inquiétude. Il comprenait la cause de l'illusion ; le Maricopa, Reichter et moi la comprenions aussi. Au premier coup d'œil nous avions reconnu les écailles brillantes de la sélénite.

Seguin vit qu'il y avait là une grande difficulté à surmonter. Cette éblouissante hallucination était très loin de notre direction ; mais il était évident que ni menaces ni prières ne seraient écoutées. Les hommes étaient tous résolus à aller vers cette montagne. Quelques-uns avaient déjà tourné la tête de leurs chevaux de ce côté, et s'avançaient dans cette direction.

Seguin leur ordonna de revenir. Une dispute terrible s'ensuivit, et peu après ce fut une véritable révolte.

En vain Seguin fit valoir la nécessité d'arriver le plus promptement possible à la ville ; en vain il représenta le danger que nous courrions d'être surpris par la bande de Dacoma, qui pendant ce temps serait sur nos traces ; en vain le chef Coco, le docteur et moi-même, affirmâmes à nos compagnons ignorants que ce qu'ils voyaient n'était que la surface d'un rocher sans valeur. Les hommes s'obstinaient. Cette vue, qui répondait à leurs espérances longtemps caressées, les avait enivrés. Ils avaient perdu la raison ; ils étaient fous.

— En avant donc! cria Seguin, faisant un effort désespéré pour contenir sa fureur. — En avant, insensés, suivez votre aveugle passion. Vous paierez cette folie de votre vie!

En disant ces mots, il retourna son cheval et prit sa course vers le phare brillant.

Les hommes le suivirent en poussant de joyeuses et sonores acclamations.

Après un long jour de course nous atteignîmes la base de la montagne. Les chasseurs se jetèrent en bas de cheval, et grimpèrent vers les roches brillantes. Ils les atteignirent ; les attaquèrent avec leurs tomahawks, leurs crosses de pistolets ; les grattèrent avec leurs couteaux ; enlevèrent des feuilles de mica et de sélénite transparente... puis les jetèrent à leurs pieds honteux et mortifiés ; l'un après l'autre ils revinrent dans la plaine, l'air triste et profondément abattus ; pas un ne dit mot ; ils remontèrent à cheval et suivirent leur chef.

Nous avions perdu un jour à ce voyage sans profit ; mais nous nous consolions en pensant que les Indiens, suivant nos traces, feraient le même détour.

Nous courions maintenant au sud-ouest,

mais ayant trouvé une source non loin du pied de la montagne, nous y restâmes toute la nuit.

Après une autre journée de marche au sud-est, Rubé reconnut le profil des montagnes. Nous approchions de la grande ville des Navajoès.

Cette nuit-là nous campâmes près d'une cours d'eau, un bras du Prieto, qui se dirige vers l'est. Un grand abîme entre deux rochers marquait le cours de la rivière au dessus de nous. Le guide montra cette ouverture, pendant que nous nous avancions vers le lieu de notre halte.

Qu'est-ce, Rubé? — demanda Seguin.

— Vous voyez cette gorge en face de vous?

— Oui; qu'est-ce que c'est?

— La ville est là.

CHAPITRE XXXIV

Navajoa.

La soirée du jour suivant était avancée quand nous atteignîmes le pied de la sierra, à l'embouchure du Canon.

Nous ne pouvions pas suivre le bord de

l'eau plus loin, car il n'y avait dans le chenal ni sentier ni endroit guéable. Il fallait nécessairement franchir l'escarpement qui formait la joue méridionale de l'ouverture. Un chemin frayé à travers des pins chétifs s'offrait à nous, et, sur les pas de notre guide, nous commençâmes l'ascension de la montagne.

Après avoir gravi pendant une heure environ, en suivant une route effrayante au bord même de l'abîme, nous parvînmes à la crête; nos yeux se portèrent vers l'est. Nous avions atteint le but de notre voyage. La ville des Navajoës était devant nous!

— Voilà! — *Mira el pueblo!* — *Thar's the*

town! — Hourrah! — s'écrièrent les chasseurs, chacun dans sa langue.

— Oh Dieu! enfin, la voilà! — murmura Seguin dont les traits exprimaient une émotion profonde; — soyez béni! mon Dieu! — Halte! camarades, halte!

Nous retînmes les rênes, et, immobiles sur nos chevaux fatigués, nous demeurâmes les yeux tournés vers la plaine. Un magnifique panorama, magnifique sous tous les rapports, s'étalait devant nous; l'intérêt avec lequel nous le considérions était encore redoublé par les circonstances particulières qui nous avaient amenés à en jouir.

Placés à l'extrémité occidentale d'une vallée oblongue, nous la voyons se dérouler dans toute sa longueur. C'est, non pas une vallée proprement dite, bien qu'elle fût ainsi appelée par les Américains-Espagnols, mais plutôt une plaine entourée de tous côtés par des montagnes. Sa forme est elliptique. Le grand axe, ou diamètre des foyers de cette ellipse, peut avoir dix ou douze milles de longueur; le petit axe en a cinq ou six. La surface entière présente un champ de verdure dont le plan n'est coupé ni de buissons, ni de haies, ni de collines. C'est comme un lac tranquille transformé en émeraude.

Une ligne d'argent la traverse dans toute

son étendue, en courbes gracieuses, et marque le cours d'une rivière cristalline. Mais les montagnes! quelles sauvages montagnes! surtout celles qui bordent la vallée au nord. Ce sont des masses de granit amoncelées. Quelles convulsions de la nature doivent avoir présidé à leur naissance! Leur aspect présente l'idée d'une planète en proie aux douleurs de l'enfantement. Des rochers énormes sont suspendus, à peine en équilibre, au-dessus de précipices affreux. Il semble que le choc d'une plume suffirait pour occasionner la chute de ces masses gigantesques. D'effrayants abîmes montrent dans leurs profondeurs de sombres défilés qu'aucun bruit ne trouble. Çà et là, des arbres noueux, des pins et des cèdres, croissent horizontalement et pendent le long des rochers. Les branches hideuses des cactus, le feuillage maladif des buissons de créosote, se montrent dans les fissures, et ajoutent un trait de plus au caractère âpre et morne du paysage. Telle est la barrière septentrionale de la vallée.

La *sierra* du midi présente un contraste géologique complet. Pas une roche de granit ne se montre de ce côté. On y voit aussi des rochers amoncelés, mais blancs comme la neige. Ce sont des montagnes de quartz laiteux. Elles sont dominées par des pics de formes diverses, nus et brillants; d'énormes masses pendent sur les profonds abîmes; les ravins, comme les hauteurs, sont dépourvus d'arbres. La végétation qui s'y montre a tous les caractères de la désolation.

Les deux *sierras* convergent vers l'extrémité orientale de la vallée. Du sommet que nous occupons, et qui se trouve à l'ouest, nous découvrons tout le tableau.

A l'autre bout de la vallée nous apercevons une place noire au pied de la montagne. Nous reconnaissons une forêt de pins, mais elle est trop éloignée pour que nous puissions distinguer les arbres. La rivière semble sortir de cette forêt, et, sur ses bords, près de la lisière du bois, nous apercevons un ensemble de constructions pyramidales étranges. Ce sont des maisons. C'est la ville de Navajoa!

Nos yeux s'arrêtent sur cette ville avec une vive curiosité. Nous distinguons le profil des maisons, bien qu'elles soient à près de dix milles de distance. C'est une étrange architecture. Quelques-unes sont séparées des autres, et ont des toits en terrasse, au-dessus desquels nous voyons flotter des bannières. L'une, grande entre toutes, présente l'apparence d'un temple. Elle est dans la plaine ouverte, hors de la ville, et, au moyen de la lunette, nous apercevons de nombreuses formes qui se meuvent sur son sommet. Ces formes sont des êtres humains. Il y en a aussi sur les toits et les parapets des maisons plus petites; nous en voyons beaucoup d'autres, sur la plaine, entre la ville et nous, chassant devant eux des troupes de bestiaux, de mules et de mustangs. Quelques-uns sont sur les bords de la rivière, et nous en apercevons qui plongent dans l'eau.

Plusieurs groupes de chevaux, dont les flancs arrondis accusent le bon état d'entretien, pâturent tranquillement dans la prairie. Des troupes de cygnes sauvages, d'oies et de grues bleues suivent en nageant et en voltigeant le courant sinueux de la rivière.

Le soleil baisse; les montagnes réfléchissent des teintes d'ambre, et les cristaux quartzeux resplendissent sur les pics de la sierra méridionale.

La scène est imposante par sa beauté et le silence qui l'environne. Combien de temps s'écoulera-t-il, pensais-je, avant que ce tableau si calme soit rempli de meurtre et de pillage ?

Nous demeurons quelque temps absorbés dans la contemplation de la vallée sans proférer un seul mot. C'est le silence qui précède les résolutions terribles. L'esprit de mes compagnons est agité de pensées et d'émotions diverses; diverses par leur nature et par leur degré de vivacité, et différant autant les unes les autres que le ciel diffère de l'enfer.

Quelques-unes de ces émotions sont saintes. Des hommes ont le regard tendu sur la plaine, croyant ou s'imaginant distinguer, à cette distance, les traits d'un être aimé, d'une épouse, d'une sœur, d'une fille, ou peut-être d'une personne plus tendrement chérie encore. Non; cela ne pouvait être; nul n'était plus profondément affecté que le père cherchant son enfant. De tous les sentiments mis en jeu là, l'amour paternel était le plus fort.

Hélas! il y avait des émotions d'une

autre nature dans le cœur de ceux qui m'entouraient, des passions terribles et impitoyables. Des regards féroces étaient lancés sur la ville; les uns respiraient la vengeance, les autres l'amour du pillage; d'autres encore, vrais regards de démons, la soif du meurtre. On en avait causé à voix basse tout le long de la route, et les hommes déçus dans leurs espérances au sujet de l'or s'entretenaient du *prix des chevelures.*

Sur l'ordre de Seguin, les chasseurs se retirèrent sous les arbres, et tinrent précipitamment conseil. Comment devait-on s'y prendre pour s'emparer de la ville? Nous ne pouvions pas approcher en plein jour. Les habitants nous auraient vus longtemps avant que nous eussions franchi la distance, et ils fuiraient vers la forêt. Nous perdrions ainsi tout le fruit de notre expédition.

Pouvions-nous envoyer un détachement à l'extrémité orientale de la vallée pour empêcher la fuite? Non; pas à travers la plaine du moins, car les montagnes arrivaient jusqu'à son niveau, sans hauteurs intermédiaires, et sans défilés près de leurs flancs. A quelques endroits, le rocher s'élevait verticalement à une hauteur de mille pieds environ. Cette idée fut abandonnée.

Pouvions-nous tourner la sierra du

sud, et arriver par la forêt elle-même? De cette manière nous marchions à couvert jusqu'auprès des maisons. Le guide, interrogé, répondit que cela était possible ; mais il fallait faire un détour d'environ 50 milles. Nous n'avions pas le temps, et nous y renonçâmes.

Le seul plan praticable était donc de nous approcher de la ville pendant la nuit, ou, du moins, c'était celui qui présentait le plus de chances de succès. On s'y arrêta.

Seguin ne voulait pas faire une attaque de nuit, mais seulement entourer les maisons en restant à une certaine distance, et se tenir en embuscade jusqu'au matin. La retraite serait ainsi coupée, et nous serions sûrs de retrouver nos prisonniers à la lumière du jour.

Les hommes s'étendirent sur le sol, et, le bras passé dans la bride de leurs chevaux, attendirent le coucher du soleil.

FIN DU TROISIÈME VOLUME.

TABLE

Des chapitres du troisième volume.

		Pages
Chap. XXV.	Trois jours dans la trappe.	1
— XXVI.	Les Diggers.	37
— XXVII.	Dacoma.	51
— XXVIII.	Un dîner à deux services.	79
— XXIX.	Les fausses pistes. — Une ruse de trappeur.	125
— XXX.	Un troupeau cerné.	157
— XXXI.	Un autre coup.	189
— XXXII.	Une amère déception.	211
— XXXIII.	La ville-fantôme.	237
— XXXIV.	La montagne d'or.	271
— XXXV.	Navajoa.	287

Fin de la table du troisième volume.

Fontainebleau, imp. de E. Jacquin.

EN VENTE CHEZ LES MÊMES ÉDITEURS

ADIEUX AU MONDE
MÉMOIRES
DE CÉLESTE MOGADOR
8 volumes.

Ces Mémoires sont la vie d'une femme que tout le monde connaît. La vie de cette femme, devenue grande dame, est racontée par elle-même, dans tous ses détails, sans mystères, sans voile, sans restrictions, à titre d'enseignement aux pauvres filles abandonnées de la fortune et de leurs parents.

Cet ouvrage est complètement inédit, et n'a paru dans aucun journal.

LA DAME AUX PERLES
Par Alex. DUMAS, fils. — 4 vol.

On se souvient de l'immense succès de la **Dame aux Camélias**; M. Alexandre Dumas, fils, a donné un pendant à son chef-d'œuvre en écrivant la **Dame aux Perles**. Ce n'est plus seulement un roman de jeunesse, c'est une étude du cœur humain dans ses replis les plus secrets.

HEURES DE PRISON
Par madame LAFARGE (née Marie Capelle). — 3 vol.

Le nom seul de madame Lafarge dit ce qu'est cet ouvrage. Quelle que soit l'opinion que l'on se soit faite sur elle, qu'on la croie innocente ou coupable, il est impossible de rester indifférent à ces récits entraînants où la magie du style s'unit à la force des pensées.

DU SOIR AU MATIN
Par A. DU CASSE. — 1 vol.

Initier les personnes qui n'ont jamais fait partie de l'armée à quelques habitudes de la vie militaire, rappeler à ceux qui ont été soldats quelques souvenirs de garnison, retracer pour ceux qui sont encore au service quelques scènes de leur vie intime, amuser un peu tout le monde, voilà quel est le but de ce livre.

LES
PETITS-FILS DE LOVELACE
Par Amédée ACHARD. — 3 vol.

Les qualités qui distinguent cette œuvre placent M. Amédée Achard au rang de nos romanciers de premier ordre. C'est un de ces drames effrayants de la vie du grand monde dont Balzac nous a, le premier, révélé les mystères.

Fontainebleau, imp. de E. Jacquin.

www.ingramcontent.com/pod-product-compliance
Lightning Source LLC
Chambersburg PA
CBHW060418170426
43199CB00013B/2189